Gernot Jonas | Paul Petzel

Funken vom Sinai

Gernot Jonas | Paul Petzel

Funken vom Sinai

Lebensweisheit der Rabbinen

Als Christen im jüdischen Lehrhaus

Mit Illustrationen von
Pavel Schönberg

Patmos Verlag

Zum Gedenken an Dr. Heinz Kahn

Das vorliegende Buch geht zurück auf Beiträge der Autoren für die Zeitschrift *Junge Kirche*.
Die Zeitschrift *Junge Kirche* erscheint im Verlag des Vereins Woltersburger Mühle.
www.woltersburger-muehle.de

Verlagsgruppe Patmos in der Schwabenverlag AG, Ostfildern
www.verlagsgruppe-patmos.de

Umschlaggestaltung: Finken und Bumiller, Stuttgart
Umschlagabbildung und alle Abbildungen im Innenteil:
© Pavel Schönberg
Gestaltung, Satz und Repro: Schwabenverlag AG, Ostfildern
Druck: Finidr s. r. o., Český Těšín
Hergestellt in Tschechien
ISBN 978-3-8436-1414-6

Inhalt

Vorwort

Das vorliegende Buch versammelt 44 kürzere Texte, die als Kolumnen seit 2004 in der Zeitschrift »Junge Kirche« erschienen sind und hier in überarbeiteter Form vorliegen. Zum Focusthema des jeweiligen Heftes wurden – und werden immer noch – in der Kolumne *Geh hin und lerne!* Aspekte, Argumente und Perspektiven aus jüdischer Tradition und Gegenwart »eingespielt«, um sie in die eigene christliche Diskussion aktueller Fragen und Probleme aufzunehmen.

Nun dürfte es immer sinnvoll sein, Stimmen »von außerhalb« der eigenen Welt zu hören. Mit Blick aufs Judentum trifft das »die Sache« aber nicht wirklich.

Die Geschichte christlicher Selbstüberhebung, der Polemik gegen Juden und ihre Kultur kulminierten in dem kirchlichen Anspruch, das Judentum heilsgeschichtlich abgelöst, ja durch das neue Israel namens Kirche ersetzt zu haben. Diese Lehre zirkuliert, wie uns scheint, immer noch, und sei es ungewollt, in vielen Adern und Äderchen des corpus Christianum. Zudem blieb sie nie nur Lehre, sondern legitimierte die unterschiedlichsten Repressionen längs durch die Geschichte. Erst in der zweiten Hälfte des 20. Jahrhunderts – nach der → *Schoa* und damit bleibend zu spät – ist diese Lehre von katholischer und evangelischer Kirche verworfen worden. Seitdem kann vieles neu gesehen und verstanden werden. Beziehungen zwischen Christen und Juden sind gewachsen, Gespräche und Austausch in offener und vertrauensvoller Atmosphäre finden statt, was alles nur dankbar staunen lässt. Christlich wird jetzt viel Neues wahrgenommen, das herausfordert, auch die eigene Identität neu zu verstehen. Vieles aber, so nicht nur unser sicherer Eindruck, bleibt allererst noch zu entdecken und zu lernen.

Such- und Lerngänge sind angezeigt. Ihr »Patron« könnte Rabbi Hillel sein, einer der bedeutendsten rabbinischen Lehrer der Antike, dessen Lebenszeit sich noch mit der Jesu überschnitt. Von einem Römer provokativ angesprochen, er konvertiere ins Judentum, wenn es den Rabbinen gelänge, ihm die jüdische Lehre stante pede zu erklären, antwortete ihm Hillel: »Was dir nicht lieb ist, das tue auch deinem Nächsten nicht. Dies ist die ganze Tora. Der Rest ist nur die Erläuterung; geh hin und lerne sie!«

Unsere Situation unterscheidet sich von der des römischen Provokateurs in vielfacher Hinsicht, Hillels »Geh hin und lerne sie!« nehmen wir aber gerne auf. Die vorliegenden Beiträge verstehen sich als Lernversuche stante pede: Nur kurze Ausschnitte aus der rabbinischen Diskussion, knappe Stücke aus der erzählerischen Bibelauslegung, den Midraschim, oder theologische und literarische »Funken« aus unseren Tagen werden wie Fäden aufgenommen, um sie in die eigenen Texte zu Gegenwartsfragen einzuweben. Ihre Anordnung folgt alphabetisch den Anfangsbuchstaben einschlägiger Stichworte des Titels; eine Lesefolge sei damit aber nicht nahegelegt. Die Artikel lassen sich vielmehr frei nach Interesse lesen und miteinander kombinieren.

Dieser Band richtet sich nicht an theologische Fachleute. Vielmehr haben wir Mitchristen und -christinnen im Blick, die sich bewusst als Zeitgenossen verstehen und am Judentum interessiert sind. Wenn die Lektüre spürbar macht, dass hier im besten Fall einige »Funken« sprühen, wären wir glücklich. Dann wäre zugleich deutlich geworden, dass die Neuentdeckung der christlich-jüdischen Realität als Ort eigentlich ein »Lehrhaus« verlangt, wo mit viel längerem Atem das Judentum studiert wird.

Ausdrücklich sei die niederländische Lehrhaus-Tradition als der eigene Hintergrund benannt. Grundlegende Werke dieser christlich-jüdischen Dialogarbeit, die Gernot Jonas ins Deutsche übersetzt hat, sind eine wichtige Basis unserer Beiträge.

Erste Schritte hin zum Lehrhaus seien hier also versucht, nicht mehr. Und da jedes Lesenlernen mit dem Alphabet beginnt, sind auch die einzelnen Texte vom hebräischen Alefbet begleitet: Jedem Kapitel ist eine farbige Collage zu einem der insgesamt 22 (mal 2) Buchstaben des hebräischen Alefbets vorangestellt. So markiert jeder Buchstabe den Beginn eines Kapitels, einen Anfang – das soll an die Bedeutung erinnern, die Tora und Schrift im Judentum haben. Von der Tora – durch die sich Gott seinem Volk gnädig mitteilte – wird angenommen, dass sie schon vor aller übrigen Schöpfung existierte. Jüdischer Mystik gelten die Tora als Plan, gleichsam als Blaupause der Schöpfung, und die einzelnen Buchstaben des hebräischen Alphabets, aus denen die Tora geschrieben ist, als geheimer Kern von Welt und Wirklichkeit. Diesen Gedanken findet man in einer mystischen Schrift, dem Buch Jezira (Buch der Schöpfung, 3.–6. Jh.). Deshalb sind Verse daraus in die Buchstabencollagen aufgenommen. Für sie zeichnet Pavel Schönberg verantwortlich (ein Künstlerpseudonym), der sie *Abulafias Alefbet* nennt nach dem Namen eines → sefardischen Kabbalisten und Sprachmystikers. Für Abulafia (1240–1291) ist der Gedanke der hebräischen Lettern als »DNA« der Wirklichkeit im 13. Jahrhundert in neuer Weise bedeutsam geworden.

Neben den jeweiligen Zahlenwerten, wie sie in der Antike auch mit den Buchstaben anderer Sprachen verbunden waren, finden sich Bildelemente, die die → Kabbala den Buchstaben zuordnet. Daneben gehört zu jeder Collage ein Geschlechterzeichen des Männlichen und Weiblichen. Sie machen die Spanne des Lebendigen auf. Ihre Vereinigung symbolisiert in jüdischer Tradition zugleich das umfänglichste und tiefste Verstehen des Gotteswortes.

Uns hat dieses Alefbet die Beschränkung auf zweimal 22 Artikel nahegelegt. Auf jüdische Tradition und Gegenwart wird nicht nur rekurriert, weil wir uns von dort anregende Impulse erhoffen. Das gewiss auch. Wenn in christlicher Perspektive das Judentum aber als Volk Gottes im ungekündigten Bund gilt, mögen seine Lebensäußerungen anregend, interessant, sperrig, bestreitbar, widerständig oder bereichernd erscheinen – in all dem aber sind sie auch potentielle Zeugnisse des einen und einzigartigen Bundespartners, wie gebrochen oder vermittelt auch immer diese Zeugnisse sind. Christliche Versuche jedenfalls, »Gott und die Welt« zu verstehen, können nach unserer Überzeugung nicht mehr wirklich gelingen, ohne jüdische Versuche dieser Art zu befragen. Da es um aktuelle Fragen und Themen geht, konnten und wollten wir uns nicht hinter einer – in der Sache gar nicht möglichen – Objektivität oder Neutralität verstecken. Meinungen und Positionen sind erkennbar und verstehen sich als Einladung, beim Lesen die eigene Meinung »nicht hinter dem Berg zu halten«, auch wenn sie dem Gelesenen widerspricht, es korrigiert, ergänzt oder zuspitzt. So oder so ist das Gespräch aufgenommen, zu dem wir einladen.

Zum besseren Verständnis ist ein Glossar angefügt, auf dessen Stichworte im Text mit → verwiesen wird. Für die Stichworte Tora und Talmud, Mischna und Midrasch, die häufiger vorkommen, haben wir aber um eines lesefreundlichen Schriftbilds willen auf die Hinweispfeile verzichtet. Der biblische Gottesname JHWH wird sowohl in der revidierten Lutherbibel (2017) als auch in der neuen Einheitsübersetzung (2016) mit (in Großbuchstaben geschriebenem) HERR wiedergegeben. Wir schreiben im vorliegenden Buch das Tetragramm JHWH oder gemäß der Vokalisierung im hebräischen biblischen Text *Adonai.* Es bedeutet auch »Herr«, erspart aber nicht nur unpassende »herrscherliche« Konnotationen im Deutschen, sondern erinnert auch an die Herkunft des Alten Testaments als des einen großen Teils der zweieinen christlichen Bibel (Christoph Dohmen) aus dem Judentum. Beim

Vortrag des Bibeltextes und beim Gebet wird von Jüdinnen und Juden *Adonai* gesprochen, außerhalb dieser Zusammenhänge wird anstelle von JHWH häufig *Haschem* gelesen, was einfach »der Name« bedeutet. Als Wiedergabe des Gottesnamens verwendet das deutschsprachige Judentum in der Regel nicht »Herr«, sondern »der Ewige«.

Das Gendern handhaben wir bewusst inkonsequent. Denn eine Entscheidung zwischen sprachlicher Geschlechtergerechtigkeit und guter Lesbarkeit ist uns einfach nicht möglich. Letztere lässt unleugbare Gerechtigkeitsansprüche unbeachtet; erstere geht zugleich ungewollt mit einer Reduzierung und -fixierung aufs Geschlecht einher. Eine Praxis, die nur manchmal die Genderschreibweise benutzt, manchmal inklusiv verstanden die weibliche oder männliche Form von Substantiven nutzt, erscheint uns – zumal im Blick auf ein inzwischen doch erreichtes Problembewusstsein – als ein in der Sache zwar bleibend unbefriedigender, doch gangbarer Weg.

Wir danken Doris Jonas und Meta Wirbel sehr fürs Korrekturlesen und hilfreiche Anregungen, dem Verlag Erev-Rav für die Abdruckerlaubnis und Dr. Ulrich Sander vom Patmos Verlag. Als Lektor hat er seit frühester Stunde das Projekt mit Offenheit und Sympathie begleitet.

Gernot Jonas　　*Paul Petzel*

Der babylonische Talmud, nach der ersten zensurfreien Ausgabe unter Berücksichtigung der neueren Ausgaben und handschriftlichen Materials ins Deutsche übersetzt von Lazarus Goldschmidt, Bd. 1–12, Frankfurt a. M. 1996 (Jüdischer Verlag im Suhrkamp Verlag) (Nachdruck der in den Jahren 1930 bis 1936 im Jüdischen Verlag erschienenen Ausgabe)

Tenachon, hrsg. v. Folkertsma-Stiftung für Talmudica u. Presseverband der Evangelischen Kirche im Rheinland e. V., Hilversum (NL) /Düsseldorf o. J., aus dem Niederländischen übersetzt von Gernot Jonas

Douwe J. van der Sluis / Peter J. Tomson / Dodo J. van Uden / Eli Whitlau, Alle Morgen neu. Einführung in die jüdische Gedankenwelt am Beispiel des Achtzehngebets. Mit einem Geleitwort von Berthold Klappert, hrsg. und aus dem Niederländischen übersetzt v. Gernot Jonas, Knesebeck 2005

Yehuda Aschkenasy / Eli Whitlau / Tsvi Marx / Marcus van Loopik, Die jüdischen Feste. Mit einem Nachwort v. Daniel Krochmalnik, aus dem Niederländischen übersetzt v. Gernot Jonas, Uelzen 2010

ספר יצירה:
פרק א׳ משנה א׳
בשלשים ושתים נתיבות פליאות
חכמה חקק יה יהוה צבאות אלהי ישראל

1 Beschneidung – Körper, gezeichnet

»Die Beschneidung ist ein Schreck, zugegeben, insbesondere wenn sie von einem nach Knoblauch riechenden alten Mann an der Pracht eines neugeborenen Körpers durchgeführt wird …«[1]

So lässt Philip Roth in dem Roman *Gegenleben* (München-Wien 1988) »seinen« Nathan an dessen nichtjüdische Geliebte schreiben. Mit ihr setzt er sich darüber auseinander, ob ein gemeinsames Kind, ein Knabe, beschnitten werden soll oder nicht. In ihrem Schreck über die Beschneidung verdichten sich einige der Probleme des Paares und – untrennbar davon – Probleme der jüdischen Identität, um die Nathan in diesem Roman und Roth in so vielen anderen auch ringt.

Uns Nichtjuden kann das Zitat gleich doppelt aufschrecken: Der alte nach Knoblauch riechende *Mohel,* wie der Beschneider heißt (von hebr. *mila* = Beschneidung), konfrontiert mit einem »anrüchigen«, wenn nicht judenfeindlichen Klischee, mit dem unsereins aufgeklärter Christenmensch heute nichts mehr zu tun haben möchte. Es ist uns mindestens so unangenehm, wie manchen Zeitgenossen starker Knoblauchgeruch ist … Und dann: Beim Stichwort Körper gleich auf Beschneidung abheben – muss das sein? Immerhin ist das Stichwort Beschneidung geeignet, bei Männern an archaische Kastrationsängste zu rühren; aber auch Frauen dürften darüber nicht unbedingt amüsiert sein, bleiben sie doch bei dieser Identitätsmarkierung unberücksichtigt. Alles in allem also kann diese rituelle Praxis des Judentums durchaus befremden. Waren es (auch) solche Bedenken, die die katholische Kirche bewogen haben, das »Fest der Beschneidung des Herrn«, also Jesu, 1969 aus ihrem Kalender zu streichen? (Es gibt zurzeit Bestrebungen, dieses Fest wieder einzuführen, um vor allem das Judesein Jesu zu verdeutlichen und damit die Beziehungen von Christen und Juden.)

Es gibt offensichtlich Umstände und Widerstände genug, um genauer hinzuschauen …

Auch in der Antike taten sich Nichtjuden nicht leicht damit, dass »am Penis eines nagelneuen Babys eine heikle Operation vorgenommen werden soll« (Roth). Zur Zeit des Bar Kochba-Aufstands fragte etwa der römische Gouverneur Turnus Rufinus → Rabbi Akiwa: »Was ist schöner, das Werk des Heiligen, Er sei gesegnet, oder das Werk von Menschen? Er antwortete: Das Menschenwerk ist schöner. Da sprach Turnus Rufus: Aber sieh den Himmel und die Erde! Kann denn ein Mensch so etwas machen?! Rabbi Akiwa sagte zu ihm: Du darfst kein Beispiel nehmen, das über der Möglichkeit von Menschen liegt, sondern etwas, das Menschen auch können.«

Was hat dieses Spekulieren über Menschen- und Gotteswerk mit der Beschneidung zu tun? Turnus Rufus fragt unmittelbar danach: »Warum beschneidet ihr euch? Akiwa sprach: Ich wusste, dass du dies zu mir sagen würdest, und ich habe dir deshalb zuvor gesagt, dass das Werk von Fleisch und Blut schöner ist als das Werk des Heiligen, Er sei gesegnet. Rabbi Akiwa legte Ähren und kleine Kuchen vor ihn hin. Er sprach: Die Ähren sind das Werk des Heiligen, Er sei gesegnet, die Kuchen sind Menschenwerk, und was schmeckt besser? Rufus Turnus (der das natürlich nicht ernst nimmt) sagte: Wenn Er die Beschneidung wünscht, warum lässt Er dann das Kind nicht beschnitten aus dem Mutterleib kommen? Rabbi Akiwa sagte zu ihm: Und warum kommt es mit einer Nabelschnur zur Welt? Ist es dann nicht die Mutter, die sie abtrennen muss?! Das Kind kommt doch auch nicht mit abgetrennter Nabelschnur zur Welt?! Aber wenn du fragst, warum ein Junge nicht beschnitten zur Welt kommt, so ist es, weil der Heilige, Er sei gesegnet, Israel die *Mizwot* (Gebote → *Mizwa)* gegeben hat, um Israel damit zu läutern« (Midrasch Tanchuma, Tazria 5).

Wenn in der Beschneidung der Bund mit Gott gleichsam in den Körper eingeschrieben wird, ist damit das Bündnis zwischen Gott und Israel besiegelt, miteinander zusammenzuarbeiten. Während des Beschneidungsrituals taucht in den Gebeten und Formeln nicht der Gottesname JHWH auf, der die spezielle Zuwendung Gottes zu seinem Volk Israel meint, sondern der Gottesname *Elohim.* Der signalisiert, dass das, was hier geschieht, zugleich für *alle* Menschen gilt: Gott sucht ihre Mitarbeit in seiner Schöpfung. Deren Vervollkommnung hat er in ihre Hand gelegt. Das wird deutlich auch an einer anderen ähnlichen Frage, die der Römer Rufus Turnus Rabbi Akiwa mit Blick auf die Armen gestellt hatte: »Wenn Gott sie nicht arm haben wollte, hätte er sie nicht arm geschaffen. Warum greift ihr mit eurer Fürsorge für die Armen ein?« Dem Römer genügt diese Welt so, wie sie ist, also der status quo. An dem ist nicht zu rütteln. Für Rabbi Akiwa aber, dessen Körper in bezeichnender Weise markiert ist, ist damit dagegen verbindlich klar, dass in dieser Welt aus dem Gegebenen Schöneres und aus der Armut Nicht-Armut zu machen bleibt. Es ist eine Frage des Bundes, in den er aufgenommen ist.

Schärfer noch klingt das – der Verlust wohliger Zufriedenheit mit der Welt, so wie sie ist – bei Roth: Die »Idylle«, schreibt er, »hört mit der Beschneidung auf. … vielleicht ist es ja gerade das, was den Juden vorschwebte und was den Akt als Quintessenz des Jüdischen und Kennzeichen ihrer Realität erscheinen läßt. …: Du trittst in die Geschichte ein … Die Beschneidung ist all das, was die Idylle nicht ist, und unterstreicht für mich, worum es in der Welt geht, und das ist nicht kampflose Einheit. Ganz überzeugend entlarvt die Beschneidung den Schoßtraum vom Leben im schönen Stande unschuldiger Vorgeschichte, das ansprechende Idyll eines ›natürlichen‹, von menschengemachten Ritualen unbelasteten Lebens, als Lüge. Geboren zu werden, heißt, all das zu verlieren. Die schwere Hand menschlicher Werte fällt gleich zu Beginn auf dich und kennzeichnet deine Geschlechtsteile als die eigenen.« Die eigene Verantwortlichkeit ist damit so unauslöschlich klar markiert wie der (männliche) Körper durch die Beschneidung.

אלהים חיים ומלך עולם אל רחום וחנון
רם ונשא שוכן עד מרום וקדוש שמו
בשלשה ספרים בספר וספר וסיפור:
א

2
Im Beten Erwählung erinnern …

Innigster Freund, barmherziger Vater.
Erhaben und geheiligt werde Dein großer Name.
Möge Er Sein Reich zu euren Lebzeiten und in euren Tagen errichten, schnell und bald …
Wir werden Deinen Namen heiligen in der Welt, wie die Engel ihn heiligen im hohen Himmel …
Segne uns, Ewiger, unser Gott, dieses Jahr und alle Arten seines Ertrags zum Guten, spende der Erde Tau und Regen zum Segen, und sättige uns mit ihrer Güte …
Verzeihe uns, Vater, dass wir gesündigt haben, vergib uns, unser König, dass wir gefrevelt haben, denn Du vergibst und verzeihst …
Führe uns in vollkommener Umkehr zu Dir zurück, erlöse uns von dem Bösen … und erlöse uns bald, um Deines Namens willen, denn Du bist ein starker Gott.

Was sich liest wie eine Variante des Vaterunsers, ist eine Collage aus ebenso populären wie wichtigen jüdischen Gebeten: dem → *Achtzehn-Bitten-Gebet,* auch *Tefilla* (Gebet) oder *Amida* genannt, dem → *Kaddisch* sowie einem Lied, das im Freitag-Abend-Gottesdienst zur Begrüßung der »Königin Sabbat« gesungen wird.

Schon lange ist bekannt, was bisher aber kaum das Glaubensbewusstsein vieler Christ:innen prägen dürfte: dass das *Vater unser* Satz für Satz, Bitte für Bitte, jüdisches Beten ist. Was auch sonst, wenn Jesus und die Seinen Juden und Jüdinnen waren?! Deshalb dürfte uns Christinnen auch die »Wolke« von Fragen, die das Beten für die Rabbinen und Spätere aufwirft, weithin vertraut sein:

Soll das Beten etwa öffentlich und kollektiv stattfinden nach festgelegtem Wortlaut zu bestimmten Zeiten oder nicht doch eher privat, spontan, aus »Herzensgrund« mit innerem Engagement → *Kawwana?* So heißt es in einem Midrasch: »Der Heilige sagte zur Gemeinde Israels: Ich habe euch gelehrt, in den Synagogen eurer Städte zu beten.« Also gemeinsam an öffentlichem Platz und zu festgelegten Zeiten, wie man annehmen darf. »Wenn ihr aber nicht in der Synagoge beten könnt, dürft ihr zu Hause beten. Wenn ihr zu Hause nicht beten könnt, dürft ihr auf eurem Lager beten. Wenn ihr nicht auf eurem Lager beten könnt, so meditiert im Herzen.« Das Herz als Ort des Gebets, das hier eher zugestanden als empfohlen wird, wird von anderen klar favorisiert. Rabbi Menachem Lonsano legt im 16. Jahrhundert Deuteronomium 11,13 … *Adonai, euren Gott, liebet und dient mit Herz und Verstand* so aus, dass das Beten ein Gebot sei, das dem Herzen gegeben wurde und das nur vom Herzen erfüllt werden kann. Dazu passt dann die Devise einer Halacha-Sammlung: »Besser wenig mit Kawwana als viel ohne.«

Aber: Wer ist schon immer in so konzentrierter Verfassung? Und wird das Beten, ganz auf die engagierteste innere Beteiligung reduziert, nicht unversehens Sache nur »entzückter« Momente? Rein privatistisch? Verschärft sich dann nicht die Gefahr, dass das Beten nur noch Selbst-Gespräch der vermeintlich frommen Seele wird? Für Abraham Joshua Heschel, einen bedeutenden jüdischen Theologen und spirituellen Lehrer unserer Epoche (1907–1972), ist da ganz klar: Beten beginnt gewissermaßen da, wo der pure *Selbst*ausdruck endet.

Zudem: Sind nicht vorformulierte Gebete manchmal der eigenen müden Seele voraus, eine Quelle dafür, dass eigenes Fühlen und Sprechen allererst wieder »ins Fließen« kommen?

Also, Beten braucht wie das Atmen eine Lunge mit zwei Flügeln: die *Kawwana* und die *Kewa*. Letztere meint die institutionellen Aspekte des Betens: einen festgelegten Wortlaut und bestimmte Gebetszeiten, sodass allererst ein regelmäßiges Gemeinschaftsgebet möglich wird. *Kewa* ist unverzichtbar, denn der jüdische Mensch »steht vor Gott eben nicht allein da«; er oder sie steht vor Gott »als ein Glied der Gemeinschaft«, schreibt Heschel in *Der Mensch fragt nach Gott* (Neukirchen-Vluyn 1989). »Unsere Beziehung zu Ihm ist nicht nur die zwischen einem Ich und einem Du, sondern vor allem die zwischen einem Wir und einem Du.«[2]

Vieles dürfte christlich kaum überraschen. Hier sei allerdings keiner »billigen« Harmonie das Wort geredet. Zumal für evangelische Christi:innen dürfte es schwierig sein, dass die täglichen Hauptgebete, zentral dafür das → *Achtzehn-Bitten-Gebet*, mit dem Tempelkult zeitlich parallelisiert und »der Sache nach« mit den Opfern verbunden sind. So entspricht das *Mincha*-Gebet dem nachmittäglichen Opfer und erinnert allein schon durch seine Terminierung – wie auch das Morgen- und Abendgebet – an den Tempel und somit auch an seine Zerstörung. Dabei sind die Gebete kein einfacher Ersatz für die Opfer. Gewiss, »Gebet *ist* Opfer«, wie Heschel pointiert formuliert. »Was sich geändert hat, ist nur der Gegenstand des Opfers: das Selbst trat an die Stelle der Sache. Der geistige Gehalt ist derselbe.«[3] Und katholische Christ:innen dürften irritiert sein über die tiefe jüdische Skepsis allem Zeremonialen und Sakramentalen gegenüber, stehen sie doch unter dem Verdacht, natürliche Bedürfnisse nur religiös zu verbrämen. Jüdisch werden dagegen »Zeremonien« nur als Zeichen und Gedächtnisstützen aufgefasst. Wenn fromme Juden und Jüdinnen sich morgens in den *Tallit*, den Gebetsschal hüllen, beten sie dabei: »Wie köstlich ist Deine Güte, o Gott!

Die Menschenkinder finden Zuflucht im Schatten Deiner Flügel …« Und das Anlegen der Gebetskapseln, der → *Tefillin,* ist begleitet von Hosea 2,21f: *Ich verlobe dich mir auf ewig; Ich verlobe dich mir um den Brautpreis von Gerechtigkeit und Recht, von Liebe und Erbarmen, ich verlobe dich mir um den Brautpreis der Treue: Dann wirst du Adonai erkennen.*

Im Beten werden so – denkbar intim – Israels Erwählung und Berufung erinnert.

Marcel J. H. M. Poorthuis, Awinu – Das Vaterunser. Übersetzt von Gernot Jonas, Uelzen 2013

Abraham Joshua Heschel, Der Mensch fragt nach Gott. Untersuchungen zum Gebet und zur Symbolik, Neukirchen-Vluyn 1989

משנה ט׳ ר׳,
עשר ספירות בלימה אחת רוח אלהים
חיים ברוך ומבורך שמו של חי העולמים
קול ורוח ודבור וזה רוח הקדש;
2

3
Ein Blick in die Biblia Rabbinica – oder: eine Frage des Zusammenhalts

Die Rabbinen (→ Rabbi) rangen und die Rabbiner und Rabbinerinnen ringen bis heute, wenn man so will, um Zusammenhalt: das zusammenzuhalten, was zusammengehört und doch auch auseinandertriften will; dass ganz und vollständig und tadellos bleibe (hebr. *tamim)* – wie es die Opfer am Tempel zu sein hatten – , was anvertraut wurde als Tradition der geoffenbarten Gebote. *Fügt dem nichts hinzu und streicht nichts davon weg!,* heißt es in Deuteronomium 13,1. Und in der Mischna wird für den Umgang mit der gesamten Tora eingeschärft: »Wende sie (die Worte der Tora) hin und her, denn alles ist darin enthalten … Von ihr weiche niemals ab« (Mischna Awot 5,26).

Das Wort Gottes und die Gemeinde Israel als Adressat gehören zusammen. So auch das Wort und sein schriftlicher Niederschlag, die Tora; so die schriftliche mit der mündlichen Tora, die der schriftlichen, einem stummen Text, immer wieder Stimme verleiht und Gehör verschafft.

Und ebenso gehören die Treue zur Tora und die Widerständigkeit gegen die menschlichen Projektionen und ihre geschmeidigen selbstzentrierten Deutungen zusammen. Ohne Deutung bleibt die Schrift fern und »unerhört« in der Gegenwart. Doch in den Deutungen kann sie auch untergehen … Das Wort Gottes aus der Ferne (vgl. Jeremia 23,23) bildet eine Einheit mit seiner Nähe: ist es doch aufs Herz geschrieben (Deuteronomium 6,6) und spricht die Tora doch in der »Sprache der Menschen« (R. Jischmael). Es ist das Wort der Ewigen für die, deren Jahre scharf begrenzt sind: die Hörer und Täterinnen, Tradenten und Künderinnen, Bürgen des Wortes und seine potentiellen Zeugen und Zeuginnen … Ihnen ist das Wort Gottes, machtvoll wirkend (vgl. Jesaja 55,10), dennoch zugleich so ausgeliefert wie ein Kind: vertrauensvoll, jeder Willkür und Kälte ausgesetzt und leicht auch dem Missbrauch.

Und nicht nur Israel als Erstadressat der Tora und wir, im Messias Jesus Dazugekommene, sind mit der Heiligen Schrift »zusammenzuhalten«. Auch wir Heutigen und die, die vor uns waren. Sie sind doch wie ein Echoraum, in dem wir die Schrift hören und – dann *unsere* Antwort – sprechen lernen: dankbar annehmend, aber uns auch kritisch absetzend, wo ihr Hören und Tun nicht das gehörte Wort stark machte, sondern dem Zwielicht aussetzte, wenn denn nicht schlimmer. Das lehrt auch Respekt und die gute Furcht, selber das Wort Gottes nicht ins Zwielichtige geraten zu lassen, vielleicht gerade, wenn und wo wir uns »fromm« und theologisch sicher wähnen. – So oder so: Wir sind nicht vom Himmel gefallen, wir kommen woher und haben Vorfahren, Verbündete – eine *Wolke von Zeugen* vor uns und mit uns (vgl. Hebräer 12,1). Und gehören nicht auch die kommenden Leser und Leserinnen in diese Gesellschaft der um die Schrift Versammelten? Stehen wir – im Angesicht der Heiligen Schrift – nicht auch in Verbindung zu denen, deren Namen wir noch gar nicht rufen können? Streckt uns das Hören des Wortes Gottes, das Lesen der Heiligen Schrift, nicht in ein solches Morgen aus und schafft Verbindung auch zu den zukünftigen Lesern?

Die angedeutete Fülle von Beziehungen von Schrift und Lesern, Hörern und potentiellen Tätern des Wortes findet sich so auch – bis ins Schriftbild nachweisbar! – in der Bibel, die die Rabbinen hervorgebracht haben: der *Biblia Rabbinica* (Erstausgabe bei Bomberg in Venedig 1524/5; 1858 in Wien, 1958 in Tel Aviv nachgedruckt).

Eine Textseite wie zum Beispiel Genesis 22,5–13 enthält den hebräischen Text und neben ihm eine aramäische Standardübersetzung, beispielsweise den *Targum Onkelos* aus dem 2. Jahrhundert. Der übersetzt nicht nur »streng«, sondern erklärt auch und paraphrasiert. Auf manchen Seiten sind weitere aramäische Übersetzungen beigefügt. In anderen Textblöcken, die sich um diese Spalten herum gruppieren, finden sich Verweise auf talmudische Parallelen und Aufnahmen der Textpassage in nachbiblischen Zeiten. Es können auch masoretische, also speziell um die Textüberlieferung und -edition besorgte Anmerkungen sein. In jedem Fall aber findet sich am Innenrand der jeweiligen Seite ein Kommentar von Rabbi Schlomo ben Jizchak (1040–1105), kurz: Raschi, der in Frankreich lebte und in Worms studiert hatte. Raschi erklärt ganz sachlich – im Sinn des *Pschat* (des Wortsinns) – was die einzelnen Aussagen meinen. Und da er damit so vielen schon geholfen hat, fehlt sein Kommentar nie. Ihm gegenüber, am äußeren Blattrand also, findet man wiederum einen Kommentar des Abraham Ibn Esra (1089–1164), eines gebürtigen Spaniers und Weltreisenden. Er liefert einen sprachwissenschaftlichen Kommentar und damit eine neue Perspektive. Des Weiteren können sich spiralförmig zu diesen Kolumnen Kommentare eines Samuel ben Meir, Raschbam genannt, finden. Er ist Raschis Enkel und lebte von 1085 bis 1174 in Nordfrankreich. Aber auch der Kommentar des Spaniers Mose ben Nachman, Nachmanides (1194–1270), und die anderer können sich um den hebräischen Text und seine aramäische Übersetzung »ansiedeln«: wie etwa der Kommentar des Jakob ben Ascher, der um 1270 im späteren Deutschland geboren wurde oder der des Italieners Obadja Sforno. Aus dem 19. Jahrhundert können es die Erläuterungen von Salomo Salman Netter zu dem Kommentar von Ibn Esra sein. Das ist dann ein »Super-Kommentar«, ein Kommentar zweiter Ordnung. Und vom Prinzip her: Warum sollte eine künftige Ausgabe der *Biblia Rabbinica* nicht auch Kommentare eines Emmanuel Lévinas oder Elie

ויקרא שם וגו׳. על ידי אותו אשל הוקרא שמו של הקב״ה אלוה לכל העולם לאחר שאוכלין ושותין אומר להם ברכו למי שאכלתם משלו סבורים אתם שמשלי אכלתם
משל מי שאמר והיה העולם אכלתם: ימים רבים. מרובים על של חברון בחברון עשה כ״ה שנה וכאן כ״ו שהרי בן ע״ה שנה היה בצאתו מחרן אותה שנה ויבא וישב
באלוני ממרא שלא מצינו קודם לכן שנתישב אלא שם שבכל מקומותיו היה כאורח חונה ונוסע והולך ש׳ ויעבור אבר׳ ויעתק משם ויהי רעב וירד אבר׳ מצרים ובמצרי׳ לא
עשה אלא ג׳ חדשים שהרי שלחו פרעה מיד וילך למסעיו עד ויבא וישב באלוני ממר׳ אשר בחברון שם ישב עד שנהפכה סדום מיד ויסע משם אברהם מפני בושה של לוט
ובא לארץ פלשתים ובן צ״ט שנה היה שהרי בשלישי למילתו באו אצלו המלאכים הרי כ״ה שנה וכאן כתו׳ ימים רבים מרובים על הראשונים ולא בא הכתוב לסתום אלא
לפרש ואם היו מרובי׳ עליהם שתי שנים או יות׳ היה מפרש על כרחך אינם יתרי׳ יות׳ משנה הרי כ״ו שנה מיד יצא משם וחזר לחברון ואותה שנה קדימה לפני עקידתו של יצחק י״ב שנים כך בסדר עולם: אחר הדברים האלה. יש מרבותינו אומ׳ אחר דבריו של שטן שהיה מקטרג ואומר מכל סעודה שעש׳ אברהם לא הקריב לפניך פר אחד או איל אחד אמ׳ לו כלום עשה אלא בשביל בנו אילו הייתי אומ׳ לו זבח אותו לפני לא היה מעכב. וי״א אח׳ דבריו של ישמעאל שהיה מתפאר על יצחק שמל בן שלש עשרה שנה ולא מיחה אמר לו יצחק באבר אחד אתה מירא׳ אותי אילו אמר לי הקב״ה זבח עצמך לפני לא הייתי מעכב: הנני. כך היא ענייתם של חסידי׳ לשון ענוה הוא ולשון זימון: קח נא. אין נא אלא לשון בקשה אמר לו בבקשה ממך עמוד לי בזו שלא יאמרו הראשונות לא היה בהן ממש: את בנך. אמר לו שני בנים יש לי אמר לו את יחידך אמר לו זה יחיד לאמו וזה יחיד לאמו אמ׳ לו אשר אהבת אמר לו שניהם אני אוהב אמר לו את יצחק ולמ׳ לא גלה לו מתחלה שלא לערבבו פתאום ותזוח דעתו עליו ותטרף וכדי לחבב עליו את המצוה וליתן לו שכר על כל דבור ודבור: ארץ המוריה. ירושלים וכן בדברי הימי׳ לבנו׳ בית ה׳ בהר המוריה ורבותי׳ פירשו על שם שמשם הוראה יוצאה

והאלהים ז׳ וסי׳ והאלהים נסה. והאלהים יעננו. והאלהים אנה. והאלהים אמר לו לא תבנה. והאלהים נגף. והאלהים עשה שייראו. והאלהים יבקש: נסה ג׳ ב׳ כתיב סה וחד כתיב שא וסי׳ והאלהים נסה. ויואל ללכת כי לא נסה. אם נשאת נסא. ועל כל נשא ושפל. הורם בלך צר נשא. נשא לבבנו אל. ב׳ קדמאי

וַיִּקְרָא־שָׁם בְּשֵׁם יְהוָה אֵל עוֹלָם׃
וַיָּגָר אַבְרָהָם בְּאֶרֶץ פְּלִשְׁתִּים יָמִים
רַבִּים׃ פ
כב וַיְהִי אַחַר
הַדְּבָרִים הָאֵלֶּה וְהָאֱלֹהִים נִסָּה אֶת־
אַבְרָהָם וַיֹּאמֶר אֵלָיו אַבְרָהָם וַיֹּאמֶר
הִנֵּנִי׃ וַיֹּאמֶר קַח־נָא אֶת־בִּנְךָ אֶת־
יְחִידְךָ אֲשֶׁר־אָהַבְתָּ אֶת־יִצְחָק וְלֶךְ־
לְךָ אֶל־אֶרֶץ הַמֹּרִיָּה וְהַעֲלֵהוּ שָׁם
לְעֹלָה עַל אַחַד הֶהָרִים אֲשֶׁר אֹמַר
אֵלֶיךָ׃ וַיַּשְׁכֵּם אַבְרָהָם בַּבֹּקֶר
וַיַּחֲבֹשׁ אֶת־חֲמֹרוֹ וַיִּקַּח אֶת־שְׁנֵי
נְעָרָיו אִתּוֹ וְאֵת יִצְחָק בְּנוֹ וַיְבַקַּע עֲצֵי
עֹלָה וַיָּקָם וַיֵּלֶךְ אֶל־הַמָּקוֹם אֲשֶׁר־
אָמַר־לוֹ הָאֱלֹהִים׃ בַּיּוֹם הַשְּׁלִישִׁי
וַיִּשָּׂא אַבְרָהָם אֶת־עֵינָיו וַיַּרְא אֶת־
הַמָּקוֹם מֵרָחֹק׃ וַיֹּאמֶר אַבְרָהָם אֶל־
נְעָרָיו שְׁבוּ־לָכֶם פֹּה עִם־הַחֲמוֹר וַאֲנִי
וְהַנַּעַר נֵלְכָה עַד־כֹּה וְנִשְׁתַּחֲוֶה
וְנָשׁוּבָה אֲלֵיכֶם׃ וַיִּקַּח אַבְרָהָם
אֶת־עֲצֵי הָעֹלָה וַיָּשֶׂם עַל־יִצְחָק בְּנוֹ
וַיִּקַּח בְּיָדוֹ אֶת־הָאֵשׁ וְאֶת־הַמַּאֲכֶלֶת
וַיֵּלְכוּ שְׁנֵיהֶם יַחְדָּו׃ וַיֹּאמֶר יִצְחָק
אֶל־אַבְרָהָם אָבִיו וַיֹּאמֶר אָבִי וַיֹּאמֶר
הִנֶּנִּי בְנִי וַיֹּאמֶר הִנֵּה הָאֵשׁ
וְהָעֵצִים וְאַיֵּה הַשֶּׂה לְעֹלָה׃
וַיֹּאמֶר אַבְרָהָם אֱלֹהִים יִרְאֶה־לּוֹ
הַשֶּׂה לְעֹלָה בְּנִי וַיֵּלְכוּ שְׁנֵיהֶם
יַחְדָּו׃ וַיָּבֹאוּ אֶל־הַמָּקוֹם אֲשֶׁר
אָמַר־לוֹ הָאֱלֹהִים וַיִּבֶן שָׁם אַבְרָהָם
אֶת־הַמִּזְבֵּחַ וַיַּעֲרֹךְ אֶת־הָעֵצִים

וְצַלִּי תַמָּן בִּשְׁמָא דַיְיָ אֱלָהָא דְעָלְמָא׃ וְאִתּוֹתַב אַבְרָהָם בְּאַרַע פְּלִשְׁתָּאֵי יוֹמִין סַגִּיאִין׃ וַהֲוָה בָּתַר פִּתְגָמַיָּא הָאִלֵּין וַיְיָ נַסִּי יָת־אַבְרָהָם וַאֲמַר לֵיהּ אַבְרָהָם וַאֲמַר הָא אֲנָא׃ וַאֲמַר דְּבַר כְּעַן יָת־בְּרָךְ יָת יְחִידָךְ דִּי רְחִימְתָּא יָת־יִצְחָק וְאִיזִיל לָךְ לְאַרְעָא פּוּלְחָנָא וְאַסְּקֵיהּ קֳדָמַי תַּמָּן לַעֲלָתָא עַל חַד מִן־טוּרַיָּא דְּאֵימַר לָךְ׃ וְאַקְדִּים אַבְרָהָם בְּצַפְרָא וְזָרֵיז יָת־חֲמָרֵיהּ וּדְבַר יָת־תְּרֵין עוּלֵימוֹהִי עִמֵּיהּ וְיָת יִצְחָק בְּרֵיהּ וְצַלַּח אָעֵי לַעֲלָתָא וְקָם וַאֲזַל לְאַתְרָא דִּי־אֲמַר לֵיהּ יְיָ׃ בְּיוֹמָא תְּלִיתָאָה וּזְקַף אַבְרָהָם יָת־עֵינוֹהִי וַחֲזָא יָת־אַתְרָא מֵרָחִיק׃ וַאֲמַר אַבְרָהָם לְעוּלֵימוֹהִי אוֹרִיכוּ לְכוֹן הָכָא עִם חֲמָרָא וַאֲנָא וְעוּלֵימָא נִתְמְטֵי עַד־כָּא וְנִסְגּוּד וְנֵתוּב לְוָתְכוֹן׃ וּנְסֵיב אַבְרָהָם יָת־אָעֵי דַעֲלָתָא וְשַׁוִּי עַל־יִצְחָק בְּרֵיהּ וּנְסֵיב בִּידֵיהּ יָת־אֶשָּׁתָא וְיָת־סַכִּינָא וַאֲזַלוּ תַּרְוֵיהוֹן כַּחֲדָא׃ וַאֲמַר יִצְחָק לְאַבְרָהָם אֲבוּהִי וַאֲמַר אַבָּא וַאֲמַר הָא אֲנָא בְרִי וַאֲמַר הָא אֶשָּׁתָא וְאָעַיָּא וְאָן אִמְּרָא לַעֲלָתָא׃ וַאֲמַר אַבְרָהָם קֳדָם־יְיָ גְּלֵי לֵיהּ אִמְּרָא לַעֲלָתָא בְּרִי וַאֲזַלוּ תַּרְוֵיהוֹן כַּחֲדָא׃ וַאֲתוֹ לְאַתְרָא דִּי אֲמַר־לֵיהּ יְיָ וּבְנָא תַמָּן אַבְרָהָם יָת־מַדְבְּחָא וְסַדַּר יָת־אָעַיָּא

כתיב סה: ולך ל״א וסי׳ כל כמסר׳ רבת׳: המריה ב׳ חד חסר וחד מלא וסי׳ ולך לך אל ארץ המריה. בהר המוריה קדמאה חסר: עצי עלה אב דע׳א׳ נסיב ה׳ וא׳ לא נסיב ה׳ וסי׳ עצי עלה. וישכם אברהם בבקר. עצי העלה. ויקח אברהם את עצי העלה. עיר אלהים. נהר פלגיו ישמחו. עיר האלהים. נכבדות כדבר עיר האלהים. עד חרמה. ויצא האמרי. עד החרמה. ויכום ויכתום. עם קדש. ואשמע את האיש. עם הקדש. וקראו להם. עם אלהים. ותאמר האשה. עם האלהים. ויתיצבו כל פנות: ביום השלשי ב׳ ר״פ באו וסי׳ וישא אברהם את עיניו. ביום השלשי נשיא: שבו ה׳ כתו׳ וסי׳ עם החמור. שבו וסחרוה. שבו איש תחתיו. שבו נא בזה. שבו נא כזה גם אתם: ונשובה ז׳ מסר בירמיה סימן מ״ו: המאכלת ג׳ וסי׳ ויקח בידו את האש. וישלח אברהם את ידו. ויבא אל ביתו ויקח את המאכלת. דפלגש בגבעה: ב׳ פסו׳ דאית בהון ד׳ ויאמר וסי׳ ויאמר יצחק אל אברהם אביו. ויאמר אחאב במי:

לישר׳: ואונקלוס תרגמו על שם עבודת הקטורת שיש בו מור נרד ושאר בשמים: והעלהו. לא אמר לו שחטהו לפי שלא היה חפץ הקב״ה לשחטו אלא להעלהו להר לעשותו עולה ומשהעלהו אמר לו הורידהו: אחד ההרים. הקב״ה מתהא הצדיקי׳ ואחר כך מגלה להם וכל זה כדי להרבות שכרן וכן אל הארץ אשר אראך וכן בנינוה וקרא עליה את הקריאה: וישכם. נזדרז למצוה: ויחבש. הוא בעצמו ולא צוה לאחר מעבדיו שהאהבה מקלקלת השורה: את שני נעריו ישמעאל ואליעזר שאין אדם חשוב רשאי לצאת לדרך בלא שני אנשים שאם יצטרך האחד לנקביו ויתרחק יהיה השני עמו: ויבקע. תרגו׳ וצלח כמו וצלחו הירדן לשון ביקוע פינדר״א בלע״ז: ביום השלישי. למה איחר מלהראותו מיד כדי שלא יאמרו הממו וערבבו פתאום וטרף דעתו ואילו היה לו שהות להמלך אל לבו לא היה עושה: וירא את המקום. ראה ענן קשור על ההר: עד כה. כלומר דרך מועט למקום אשר לפנינו. ומדרש אגדה אראה היכן הוא מה שאמר לי המקום כה יהיה זרעך: והמובה. נתנבא שישובו שניהם: המאכלת. סכין על שם שאוכלת את הבשר כמה דתימא וחרבי תאכל בשר. ושמכשרת בשר לאכילה. ד״א זאת נקראת מאכלת על שם שישר׳ אוכלים מתן שכרה: וילכו שניהם יחדיו. אברהם שהיה יודע שהולך לשחוט את בנו היה הולך ברצון ושמחה כיצחק שלא היה מרגיש בדבר: יראה לו השה. כלומר יראה ויבחר לו השה ואם אין שה לעולה בני ואף על פי שהבין יצחק שהוא הולך לישחט וילכו שניהם יחדיו בלב שוה:

ויעקד

אבן עזרא

והאלהי׳ נסה את אברהם יש אומ׳ כי השנאך תחת שי״ן והה״א תחת האל״ף וטעם כל הפרשה יכחישם רק נסה כמשמעו. והגאון שקול הדעת אמרו כי הידוע הם שתים האחת דעת העתיד בטרם היותו והשנית דעת היום הנמצ׳ וזה פי׳ נסה גם כי עתה ידעתי והגאון אמ׳ שמלת נסה להראות צדקתו לבני אדם גם מלת ידעתי כטעם הודעתי והלא ידע זה הגאון כי בשב׳ שעקד בנו לא היו שם אפי׳ נעריו ואחרי׳ אמ׳ כי פי׳ והעלהו שם לעולה שיעלהו אל ההר ואולת תחשב לו לעולה ואברהם לא ידע סוד הנבואה וימהר לשחוט אותו והשם אמר לו לא בקשתי זאת ואחרי׳ אמ׳ הראה שתעלהו לעולה כמו והשקית אותם יין והזכרנו אלה הגאוני׳ לפני האלה כי יאמרו לא יתכן אחר שיצוה השם מצוה שיאמר אחר כן לא תעשנה והנה לא שמו על לב הבכורים שהחליפם בלוים את שנה ואחר שהכתו׳ אמ׳ בתחלה והאלהים נסה את אברהם סרו כל הטענות והשם נסהו כדי שיקבל שכר: וטעם כי עתה ידעתי כמו ואם לא אדעה ושר הפרש סודו בפסוק ידעתיך בשם אם יעזרני השם ידע ה׳ הנסתרות: אחד ההרים. שם שכינה הבית וכן מפורש ויבן שלמ׳ את הבית בהר המוריה ואיננו הר גבוה וכן היה גורן ארונה: ויבקע עצי עולה. ושמם על החמור: בו׳ הפליטי׳ שיבאו תבאו שבא. יש אומרי׳ אין את אברהם ושובו ואחרי׳ עמו כי היה בדעתו להביא ע׳ עכותיו ואברה׳ רחש כדי שלא ישובו עד שובו ושלא ירגיש יצחק ויברח ורבותינו ז״ל אמרו שהיה יצחק כאשר נעקד בן ל״ז ושבע שנה כאשר נעקד ואם דברי קבלה נקבל ודרך סברא אין זה נכון שהיה ראוי שתהיה צ׳ צדקת יצחק גלויה ויהיה שכרו כפול משכר אביו שמסר עצמו ברצונו לשחיטה ואין בכתוב מאומה על יצחק ואחרים אמרו שהיה בן חמש שנים גם זה לא יתכן בעבור שנשא עצי העולה והקרוב אל הדעת שהיה קרוב לי״ג שנים והכריחו אביו ועקדו שלא ברצונו והעד שאביו ה׳ הסתיר הסוד ממנו ואמ׳ אלהים יראה לו השה כי אילו אמר לו אתה העולה יתכן שיברח:

ואברהם

Wiesel aufweisen, falls sie – oder andere Autoren und Autorinnen nach der → *Schoa* – solche noch verfasst haben?

Müssen wir Christen uns in dieser »Versammlung« um den biblischen Text nicht aber auch die Verstummten »irgendwie« dazu denken? Die, die jedes Kommentieren der Tora aufgegeben haben? Denen eher Albträume durch Leib und Seele gehen und Flüche über die Lippen, und das auch in der zweiten und dritten Generation? Haben wir nicht auch sie »dazuzudenken«? Sollen wir sie uns als Stumme in der Versammlung ums Wort der *Tora* vorstellen? Ihre nicht vorhandenen Beiträge als Leerstellen, Kolumnen ohne jeden Text? Doch wäre nicht auch das noch eine zu harmlose, die Verstummten schon viel zu sehr »integrierende« Vorstellung um unserer eigenen Harmoniebedürfnisse willen? Ja, dem ist wohl so. Die, die keine Kommentare mehr geben konnten, weil sie ermordet wurden, oder die, die als Überlebende und Nachgeborene solche einfach nicht mehr geben können und wollen, bleiben stumme Widerstände, gleichsam Gegenbürgen und Gegenzeuginnen. Christliches Hören und Deuten des Gotteswortes kann aber diese Gegenzeugen nicht ignorieren. Sie stören jedes Geflecht von Zusammenhalt. Doch ist es nicht notwendig, solche »Desintegration« auszuhalten, um »irgendwie noch« »integer« zu bleiben – im Angesicht der fehlenden, weil ermordeten Juden Europas und des so tief verletzten, zum Teil ausgelöschten Judentums in Europa?

Und ist vom Fehlen jüdischer Leser und Leserinnen, Deuterinnen und Kommentatoren nicht auch das Wort Gottes selber betroffen? Kann es denn nur für sich allein sein? Sind die Kommentare nicht auch einem wärmenden Mantel vergleichbar, der das nackte Wort schützt? Und ist mit seinem Wort nicht auch Gott selber betroffen? Befinden wir uns nicht unter einem hartnäckigen, alles, das Ganze und jedes »Ganzsein« betreffenden Vorbehalt, wie der evangelische Theologe Friedrich-Wilhelm Marquardt (1928–2022) ihn formuliert hat, wenn er seine gesamte Dogmatik letztlich unter die Bedingung stellt: »So Gott will und er lebt«?[4]

Zurück zum Schriftbild der *Biblia Rabbinica:* Wie in einer Simultankonferenz versammeln sich Gelehrte vieler Länder und Regionen, Zeiten und Kulturen um das Wort der Schrift. Sie vermischen sich nicht damit, kolonisieren es nicht, sondern gesellen sich dazu und führen über die Zeiten und Räume, Milieus und Verhältnisse, ein Gespräch, vielleicht auch energische Dispute miteinander über das eine Wort und seinen vielfachen Sinn, über die Funken, die sprühen, wenn der Hammer des Deutens auf den Fels des Textes trifft (vgl. Jeremia 23,29). Sie sammeln die Funken und schlagen neue, sie wenden alles hin und her, »denn alles ist in ihr«, der Tora (vgl. Mischna, Pirke awot 5,26)

Und diese Versammlung ist nicht beendet; bis heute ist dieser Raum nicht geschlossen, auch wenn Bänke verwaist sind. Wir sollten genau zuhören, was dort diskutiert wird – um unseretwillen und um Gottes willen.

Die Erläuterung zu den Kommentaren der *Biblia Rabbinica* ist referiert nach Jakob J. Petuchowski, Wie unsere Meister die Schrift erklären. Beispielhafte Bibelauslegung aus dem Judentum, Freiburg im Breisgau 1982.

Friedrich-Wilhelm Marquardt, Eia wärn wir da – eine theologische Utopie, Gütersloh 1997

2

4
» … die Tafeln und die Bruchstücke der Tafeln liegen in der Bundeslade« – Demenz

Auch wenn sein (des Vaters) Verstand abnimmt, sieh es ihm nach und verachte ihn nicht, wenn du in der Blüte der Jahre stehst. So steht es in Jesus Sirach 3,13, einer späten Schrift des Alten Testaments in katholischer, einer deuterokanonischen in jüdischer und evangelischer Tradition. Im Kontext einer Reihe von Konkretisierungen des fünften Gebots (jüdischer Zählung), Vater und Mutter zu ehren, wird hier ohne Umschweife vom Verachten gesprochen. So sind wir: dass körperliche Schwäche und die des Geistes gewiss nicht zuletzt Geringschätzung, ja Verachtung provozieren können. Das zu unterlassen ist nicht selbstverständlich, sondern muss angemahnt, aber auch motiviert werden. Denn das Alter, so unser Vers, ist doch nur eine Lebensphase, die auch denen, die in der *Blüte* des Lebens stehen, bevorsteht. Du bist heute nur, wie es dein Vater auch einmal war; und wie es ihm heute ergeht, kann es auch dir morgen beschert sein. Das erinnert an die Begründung des Liebesgebots: *Halt lieb, deinen Genossen, dir gleich,* wie Rosenzweig und Buber Levitikus 19,18 übersetzen im Sinn von: *Er,* der Nächste, ist *wie du.* Und das ruft ein Wir des solidarischen Menschseins auf.

Gerät man auf dieser Spur schon in zentrale Gefilde der Bundesgeschichte Gottes mit Israel und den Menschen, so wird das Phänomen Demenz im *Talmud* ganz explizit und im direkten Sinn des Wortes mit dem Innersten dieses Heilsgeschehens verbunden.

Im Traktat Berachot 8b des babylonischen Talmud heißt es: »Und seid aufmerksam gegenüber einem Greis, der sein Wissen durch Zwang (also unfreiwillig) vergessen hat, denn wir sagen: die Tafeln und die Bruchstücke der Tafeln liegen in der Bundeslade.« Die Begründung kann befremden, zumal sie nicht näher erläutert wird. Doch gehört es zum Stil des Talmud, dass er nur Ausschnitte aus großen Diskussionen bietet, die erst »rekonstruiert« werden wollen. Deshalb müssen wir für ein Verständnis des Textes eine andere Stelle heranziehen und einen Umweg einschlagen.

Der Umweg führt über eine Stelle aus dem Traktat Bawa Batra 14b. Hier wird diskutiert, was in der Bundeslade aufbewahrt wurde. Sind es etwa auch *die* Tafeln, die Mose im Angesicht des goldenen Kalbs zerschmettert hat? Die Rabbinen meinen: Ja. Doch warum sollen zwei Versionen der Zehn-Worte, eine »heile« und eine zerstörte, in der Lade liegen? Die Tora sollte die Israeliten im Land, wo Milch und Honig fließen, davor bewahren, die gewonnene Freiheit zu verlieren. Sollten die zerbrochenen Tafeln von daher an den Zorn des Mose über einen möglichen Abfall des Volkes vom Gott seiner Befreiung erinnern? Daran, dass solcher Rückfall in die Unfreiheit nicht nur eine theoretische Möglichkeit, sondern längst schon einmal geschehen ist und die Scherben das bezeugen? Gehört nicht diese Tora als durch ihre Bruchkanten »angeschärfte« Version zu den »heilen« Tafeln dazu?

Noch etwas weitergedacht bis zu einer paradoxen Formulierung: Bleibt die Tora in Israel also nur »heil«, wenn auch ein Sinn für die zerbrochene Tora gewahrt bleibt? Bei Rabbi Hona finden wir eine Auslegung, die die »heilen« mit den zerbrochenen Bundestafeln verbindet. Die Bundeslade enthalte auch die zerbrochenen Tafeln, folgert er aus 2 Samuel 6,2. David macht sich mit dem ganzen Volk auf, die Bundeslade aus ihrem »Exil« endlich nach Jerusalem zu bringen. Dabei heißt es von ihr: *… die nach dem Namen, dem Namen JHWH Zewaot, benannt ist.* Das Wort »Namen« wird also im Bibeltext auffälligerweise wiederholt; diese Doppelung weise hin auf die *beiden* Tafeln. Dass beide, die heilen und die zerbrochenen, Tafeln in der Bundeslage lagen, bedeutet nach Rabbi Jochanan, dass der Gottesname und all seine Attribute in der Lade anwesend waren: JHWH, das nicht ausgesprochene Tetragramm, bezeugt die Güte und Liebe Gottes, wie sie in der Gabe der Tora erfahrbar wurde; *Zewaot,* der »Gott der Heerscharen«, steht für die konfrontative, kämpferische Seite Gottes, die sich auch als Zorn zeigen kann, wie in seinem Zorn über den Abfall des Volkes am Sinai. Auf dieser Trift scharfsinniger Kombinatorik kann dann sogar der Zornesausbruch des Mose noch von Gott gelobt werden. So lehrt Resch Lakisch: »… der Heilige, gepriesen sei Er, sprach zu Mose: Dank dir, dass du sie (die Tafeln) zerbrochen hast.«

Doch was haben diese Spekulationen über die zerbrochenen Tafeln mit Demenz zu tun?

1. Die Scherben, die nicht romantisch verharmlost und geschönt werden, sind Zeugnisse des Zorns.

Und doch sind sie auch als solche zugleich Zeugen eines Gottes, der seinem Volk nah sein will. Mit anderen Worten: Auch in der Beeinträchtigung des Geistes im Fall von Demenz wird Unheil schmerzlich spürbar. Und doch bringt der Talmud selbst solche Hinfälligkeit noch in Verbindung mit den Namen Gottes und Seiner Nähe zu Seinem Volk.

2. So nah die zerbrochenen Tafeln den anderen in der Lade sind, so nah sind die Menschen »gebrochenen« Geistes den »anderen«. Sie sind wie du (vgl. Levitikus 19,18).

So heißt es in der Tora. Als pars pro toto sind hier die Tafeln genannt, die heilen und die zerbrochenen.

5
Zu viel Demut?

Zum ersten Mal in der Menschheitsgeschichte liegt das Schicksal der Erde in den Händen der Menschen: Wir sind nicht mehr nur die potentiellen Opfer von Naturkatastrophen, sondern auch die, welche die Biosphäre und das Klima ins Tohuwabohu des lebensfeindlichen Anfangs zurückstoßen können. Ja, wir sind im Begriff, dem Wort Gottes, das die Lebensräume der Welt aufgemacht hat, durch die Zivilisation, die wir geschaffen haben, zu widersprechen. Das Klimatohuwabohu, das schon erfahrbar ist, wird alle in den Strudel seines Chaos ziehen, zuerst und am schärfsten einmal wieder die Schwachen, Armen, die am wenigsten, wenn überhaupt, für diese Verhältnisse verantwortlich sind. In dieser menschheitsgeschichtlich neuen Situation sind die biblischen Texte neu zu lesen: Erschrocken über unserer Hände Werk – doch angesichts der Gefahr ist umso unerschrockener zu fragen, was heißt es, in dieser Situation gerecht zu sein.

Drängt sich da nicht Noach auf? Als Lotse durch die drohenden Katastrophen und Zeuge der Hoffnung auf eine bewohnbare Welt »danach«? Die Rabbinen anerkennen Noach mit dem → *Tanach* voll und ganz als gerechten Mann. Denn er baute einen Schutzraum gegen die Flut nicht nur für sein eigen Fleisch und Blut, sondern – ökologisch weitsichtig – für alle bedrohten Tiere zugleich. Und doch, bei aller Anerkennung, relativieren ihn die Rabbinen zugleich. »Von Noach heißt es: *mit Gott wandelte Noach* (Genesis 6,9), von Abraham aber (Genesis 17,1): *Wandle vor mir!* Wer das liest, könnte denken, dass Noach größer ist als Abraham.« Aber dem ist nicht so. Resch Lakisch klärt es: »Womit ist das zu vergleichen? Ein König hatte einen Freund, und der versank im Schlamm der Bosheit seiner Generation. Er aber fasste ihn an seiner Hand und holte ihn aus dem Schlamm heraus. So war es auch mit Noach. Er drohte im Geschlecht der Flut zu ertrinken. Der Heilige, Er sei gesegnet, sah ihn, gab ihm die Hand und holte ihn herauf. Aber Abraham, wem glich er? Einem König, der im Dunkeln einherging. Sein Freund sah ihn und leuchtete ihm. Der König sagte zu ihm: Wo du mir schon leuchtest, komm und geh besser vor mir her. So war es in den Tagen unseres Vaters Abraham: Alle Welt bestand aus Frevlern, Abraham aber war gerecht. Der Heilige, Er sei gesegnet, sprach zu ihm: Wo du schon in Mesopotamien Licht für mich machst, geh nun vor mir hin (wie es in Genesis 12,1 heißt): Geh aus deinem Lande, deinem Geburtsort und dem Haus deines Vaters in das Land, das ich dir zeigen werde« (Midrasch Tanchuma Buber, Lech Noach 26).

Die Rabbinen fragen weiter: Was also fehlte Noach? Er erkennt die Gefahr, folgt dem Auftrag Gottes und – schweigt. Noach war zu demütig! Anders Abraham. Der wirft sich auch ganz demütig vor den Engeln nieder, die ihn und Sara besuchen. Doch als es um das Geschick von Sodom geht – und auf so etwas achtet rabbinische Lektüre – heißt es im biblischen Text: *Er bleibt vor JHWH stehen* (Genesis 18,23). Hier endet die schweigende Demut, denn Abraham beginnt umgehend ein Feilschen mit Gott, das heute noch unerhört anmuten kann. Anders als Noach ringt er ums Leben einer ihm fremden Stadt und riskiert dabei viel. Er handelt Gott bekanntlich auf *zehn Gerechte in der Stadt* herunter: *Dann sei noch gerettet!* (Genesis 18,32). Und doch: Warum, fragt die rabbinische Diskussion fast im selben verwegenen Geist Abrahams weiter, gibt Abraham, der so weit gegangen ist, dann »schon« bei der Zahl 10 auf? Darauf gibt es mehrere (im Übrigen auch Abraham-kritische) Antworten. Eine könnte für uns heute besonders interessant sein. Im Fall von Noach und seinen Angehörigen, heißt es, seien insgesamt acht Menschen gerettet worden, und doch sahen sie offensichtlich keine Chance, in ihrer Situation die Welt vor der Vernichtungsflut zu retten … Also müssen es jetzt mehr sein.

Juden leiten von dem, was Abraham »in Sachen« *Gerechte in der Stadt* ausgehandelt hat, den *Minjan* ab, die Mindestzahl derer, die notwendig anwesend sein müssen, um alle Gebete im Gottesdienst zu sprechen. Behält man das *in der Stadt* (Genesis 18,26) im Ohr, lässt es den Gottesdienst krisenbewusster verstehen. Denn die Zehnzahl braucht es auch, damit die Gerechten *in der Stadt,* will heißen: in der Öffentlichkeit, überhaupt erst wahrgenommen und wirksam werden können. Sie stellen also die kritisch-rettende »Masse« dar. Die Gemeinde, die sich um das Wort Gottes versammelt, ist danach eine, die die Welt ins Gebet holt, zumal die gefährdete, und sich ihrer Weltverantwortung bewusst ist oder sein sollte. Die Zehnzahl erinnert daran.

Von diesem Sinn für Öffentlichkeit und Weltverantwortung zeugt auch der Sabbat. Sein Sinn ist nur erfüllt, wenn er kollektiv gefeiert wird und die Lebensform prägt: die Prozesse der Produktion und des Konsums heilsam unterbricht, Atem holen lässt und schöpfungsschädlichen Wachstumswahn überhaupt erst erkennbar macht. Der Sabbat als große rettende Unterbrechung! Die Rabbinen vermerken genau, dass es einmal heißt: *Erinnere dich (sachor)* des Sabbats! (Exodus 20,8) und einmal, gleichsam drängender: *Bewahre (schamor)* ihn! (Deuteronomium 5,12). Das Verb *schamor* kann auch heißen: Gib acht! Steh Schmiere (von *schamra* = Wache)!

Und wir: Stehen wir Schmiere? Passen wir auf, dass die »ökologischen Fußabdrücke« unserer westlichen Lebensform sich nicht ins Wahnsinnige hinein verbreitern? Bestehen wir auf der Unterbrechung – und das wie Abraham: ganz ohne Demut?

3
ספר יצירה:
פרק א' משנה א'ו
בשלשים ושתים נתיבות פליאות
חכמה חקק יה יהוה צבאות אלהי ישראל
אלהים חיים ומלך עולם אל רחום וחנון
רם ונשא שוכן עד מרום וקדוש שמו

6
»Aus der Tiefe« – Depression und noch Schlimmeres

Zurzeit sind Depression und Burn-out in aller Munde. Sind sie Zeichen unserer Zeit? Eine immer stärker verdichtete Arbeit macht nachweislich krank. Und wie sollten all die sich überlagernden Krisen uns nicht niederdrücken? …

Dem Judentum kann man eine Sensibilität für die Niedergeschlagenheit wegen der Übel der Welt gewiss nicht absprechen. Nicht nur, weil es mit dem Buch Hiob ein Dokument offensiver Äußerung von Elend, Depression und nahezu Verzweiflung in den Kanon seiner heiligen Schriften aufgenommen hat. Anders als das Christentum, das sich (spätestens seit Konstantin) eine recht triumphalistische Glaubens- und Weltsicht zurechtgelegt hat, hält das Judentum hartnäckig an der Unerlöstheit der Welt fest und unterliegt so viel weniger der Gefahr, auch die Tiefen und tiefsten Tiefen menschlichen Lebens zu beschönigen oder gar auszublenden. Der ungetrübte Blick kann Anteilnahme und Compassion bewirken. So zielt etwa die Frömmigkeit der *Chassidim* (→ Chassidismus) zentral auf ein »Anhangen« an der → *Schechina,* der Einwohnung Gottes in der Welt. Damit ist die Solidarität Gottes gemeint, der sich herablässt in die Niedrigkeit, in die sein Volk – etwa im babylonischen Exil – gestoßen worden war. Er – oder besser: sie, denn Schechina ist im Hebräischen weiblich – teilt dieses Exil. Es waren die Chassidim, die in ärmlichen, oft genug bedrängten Verhältnissen Osteuropas lebten, die nun ihrerseits Verbundenheit mit der Schechina suchten – und bis heute suchen. Die Bedrängten teilen nun ihrerseits das göttliche Exil …

Doch ist der Preis solcher Compassion mit Gott wie der mit Menschen nicht fast notwendig auch Niedergeschlagenheit? Und ist diese nicht geradezu ein Erkennungszeichen derer, die offenen Auges und wachen, mitfühlenden Herzens zu leben versuchen? Sind sie, die Trauernden, nicht gar selig zu preisen (vgl. Matthäus 5,4; Psalm 126,5)?

Obwohl in Niedergeschlagenheit eine spirituelle Qualität ausgemacht werden kann, wird darin aber zugleich auch eine Versuchung gesehen. So unterscheiden beispielsweise die *Chassidim* in der »Depression«, wie sie mit der Anteilnahme der unterschiedlichen Übel des Lebens einhergehen kann, zwischen zwei Arten der Zerknirschung: einer auch als Melancholie übersetzbaren *atsbut* und einer als Bitterkeit übersetzbaren *merirut.* Erstere meint gleichsam ein Verweilen und Sicheinschließen in der Trauer über das eigene Übeldransein, Letzteres so etwas wie einen scharfen Stich, der das Selbst schmerzhaft trifft, es aber zugleich aus seiner (und sei es auch bußgesinnten) Selbstbezogenheit hinausstößt und es erneut in ein Verhältnis zu Gott und Welt setzt. Nicht jede Zerknirschung, nicht jeder Weltschmerz und jede Wehmut ist danach als solche auch schon gottgefällig … Sie kann auch auf Egozentrik hinauslaufen. Rabbi Nachman von Bratzlaw (1772–1810) lehrte entsprechend: »Meide die Schwermut um jeden Preis. Sie ist die Wurzel aller Krankheit und allen Ungemachs.«

Doch all solche Weisheit wird nach der → *Schoa* nochmals in tiefe Schatten gestellt. Keine Frage, Hiob wurde für viele Überlebende ein naher Verwandter, ja eine Figur der Identifikation. »Wir kennen seine Geschichte, als hätten wir sie selbst erlebt«, schreibt Elie Wiesel in seinem Buch *Adam oder das Geheimnis des Anfangs.* »In schweren Stunden greifen wir zu seinen Worten, um Zorn, Auflehnung oder Unterwerfung auszudrücken. Er gehört zur verwüsteten Landschaft unserer Seele.«[5]

Und doch, Leben nach der Schoa scheint noch über Hiob hinauszugehen. In *Gezeiten des Schweigens* lässt derselbe Wiesel seinen Überlebenden Michael sprechen: »Bei mir wird Er (Gott) sich nicht so leicht aus der Affäre ziehen wie bei Hiob. Bei mir wird Er nicht so leicht gewinnen. Mit mir wird die Partie kein Kinderspiel sein. Mir macht Er keine Angst. Mich schüchtert Er nicht ein.«[6] Ist das eine Empörung jenseits der Depression? Ein Protest aus der Tiefe gegen Gott?

Wie anders als ein Protest aus der absoluten Tiefe gegen die Welt ist Emil Fackenheims berühmtes 11. Gebot zu verstehen, das für ihn nach Auschwitz die Zehn-Worte ergänzt: »Es ist den Juden verboten, Hitler nachträglich siegen zu lassen. Es ist ihnen geboten, als Juden zu überleben, damit das jüdische Volk nicht untergehe. Es ist ihnen geboten, der Opfer von Auschwitz zu gedenken, damit das Andenken an sie nicht verlorengehe. Es ist ihnen verboten, am Menschen und seiner Welt zu verzweifeln und Zuflucht im Zynismus oder der Jenseitigkeit zu suchen, damit sie nicht dazu beitragen, die Welt den Mächten von Auschwitz auszuliefern.«[7]

Elie Wiesel, Adam oder das Geheimnis des Anfangs, Freiburg i. Br. 1994 (frz. Originalausgabe Paris 1975)

Elie Wiesel, Gezeiten des Schweigens, Freiburg i. Br. 1987 (frz. Originalausgabe Paris 1962)

Emil Fackenheim, Die gebietende Stimme von Auschwitz, in: Brocke, Michael / Jochum, Herbert (Hg.), Wolkensäule und Feuerschein. Jüdische Theologie des Holocaust, München 1982

משנה ג׳ו
עשרים ושתים אותיות יסוד חקוקות
בקול חצובות ברוח קבועות בפה בחמש
מקומות אחה״ע בומ״ף גיכ״ק דטלנ״ת זסשר״ץ
4

7
Erwählung – essend – erinnern oder: vom Sinn für Differenzen im Sinnlichen

In kaum einer anderen Kultur oder Religion dürfte das Essen mit so großer Bedeutung aufgeladen sein wie im Judentum. Die facettenreichen Speisevorschriften, die einen großen Teil der → *Kaschrut* ausmachen, und Regelungen zum Schlachten, also das Schächten, haben im Judentum intensive und differenzierte Diskussionen hervorgerufen. Heftig, polemisch, wenn nicht unterschwellig feindselig geht es in unseren Breiten meist zu, wenn über das Schächten verhandelt wird. Auch heidenchristlicher Verstand tut sich schwer mit vielem. Warum sollen etwa eine Kuh oder ein Schaf nicht am selben Tag wie die Jungen geschlachtet (Deuteronomium 22,6), das Böckchen nicht in der Milch der Mutter gekocht werden? Es sind Regeln, die die jüdisch-orthodoxe Küche grundlegend bestimmen und nicht zuletzt zu doppeltem Geschirr und Besteck führen (Exodus 23,19; 34,26; Deuteronomium 4,21). Geht es hier um die Erhaltung der Biotope, vielleicht sogar die Sicherung von Arten, wie Rationalisten mutmaßen? Oder sollten fremde Kultpraktiken ferngehalten werden, wie Exegeten und Religionshistorikerinnen annehmen? Oder soll Grausamkeit gegenüber Tieren vermieden werden, wie etwa ein Josef ben Alba ibn Kaspi, ein sefardischer Rabbiner des 13./14. Jahrhunderts, annimmt? Zumal Letzteres könnte gut zur Schöpfungsauffassung von Genesis 1 passen, wird von (Land)Tieren und Menschen doch in derselben Strophe (6. Tag) des Schöpfungsliedes »in einem Atemzug« gesprochen.

Beide werden für gut oder sehr gut befunden und Tiere wie Menschen sind zur Fruchtbarkeit beauftragt (Genesis 1,22 und 28). Grausamkeit passt in diese Verhältnisse gewiss nicht. Paradiesisch ernähren sich schließlich alle von *grünem Gewächs* (1,29f) … Rabbiner Shlomo Riskin (geb. 1940) meint 1989 im Rahmen einer Meditation über die *Birkat hamason,* das Tischgebet, es gebe Speisegebote, die langsam zum Vegetariertum führen möchten.

Die Scheidung reiner von unreinen Tieren (Levitikus 11; Deuteronomium 14,3–21) wird in aktuellen bio-bewussten Zeiten schon mal so verständlich gemacht: Juden und Jüdinnen wissen, *was* sie essen. Das mag stimmen und dürfte doch so wenig den Punkt treffen wie die Erklärung des Rambam (1138–1204, Rabbi Mosche ben Maimon, Maimonides) vor über achthundert Jahren, solche Unterscheidung im Fleischverzehr diene der Gesundheit. Immerhin hält Jizchaq ben Mose Arama im 15.Jahrhundert dagegen, dass doch auch die unrein Ernährten recht gesund sein könnten! Nicht einzelne Tierarten sind »an sich« oder »für sich« unrein, auch wenn etwa Schlangen, Lurche und Molche »tierisch unaufgeklärten« Menschen oft so anmuten. Selbst diese Tiere sind nicht »an sich« unrein, sondern »für euch«. Der Midrasch Melechet Machschawet verdeutlicht so Deuteronomium 14,21: *Denn ein Volk bist du, Adonai, deinem Gott, heilig.*

Reine von unreinen Tieren zu scheiden dient also keinen praktischen Zwecken, wie Rationalisten sie ausfindig machen möchten. Es sind vielmehr Schwellen, die Juden im Alltag an ihre Erwählung erinnern. In der Auswahl von Lebensmitteln wird erinnert an die Auserwählung; die zu treffenden Unterscheidungen erinnern an die Verbindung von Israel und JHWH im Bund, im Alltäglichen der Essenszubereitung kommt die Ewige in den Sinn. Zumal für uns Heutige in digitalisierten High-Tech-Gesellschaften und ihren smarten, abstrakt gewordenen Lebenswelten mag das sehr »ganzheitlich« erscheinen, »sinnlich-integriert« oder wie auch immer die spirituellen Sehnsuchtsworte dafür heißen mögen. Den Spirit jüdischer Speisevorschriften bezeichnen sie wohl kaum. Denn nicht der Genuss des Fleisches (auch nicht sein purer Verzicht) bewirkt ein Gedenken an ein Leben im Bund, sondern das bestimmte *Wie* des Genusses: das Differenzieren, das gewiss auch Vorbehalte gegenüber nur spontan unmittelbarem Zugriff einschließt!

Um Erinnerung in Akten der Unterscheidung geht es auch, wenn bei reinen Tieren auf den Verzehr bestimmter Hüftpartien verzichtet wird. Die Geschichte ist bekannt (Genesis 32,23–33): Jakob bleibt auf dem Rückweg nach Kanaan hinter seiner Sippe und seinen Herden zurück. Er ringt mit »Einem« bis ins Morgenrot, ertrotzt dessen Segen und hinkte, an der Hüfte verletzt, durch sein weiteres Leben. *Deshalb essen die Israeliten bis auf den heutigen Tag nicht die Sehne des Hüftmuskels, die über der Hüftpfanne liegt, weil er Jakobs Hüftpfanne an der Sehne des Hüftmuskels berührt hatte* (Genesis 32,33).

Um Erinnerung geht es auch beim Schächten. Das ermöglicht, das biblische Verbot zu halten, das Blut des Tieres nicht zu genießen (Genesis 9,4): *Doch Fleisch mit seinem Blut sollt ihr nicht essen!* Es ist ein Minimalvorbehalt, der an die Verhältnisse im Paradies erinnert. Dort ernährten sich die Geschöpfe fleischfrei. Denn der Fleischkonsum, der der Zeit nach Noach zugestanden wird, darf auch dann kein »totaler« sein. Auch jetzt, nachdem die Schwäche und Sündhaftigkeit der Menschen offenbar geworden sind, dürfen Tiere nicht zu belanglosem Zeug werden, über das willkürlich zu verfügen ist. Dagegen formuliert das Verbot des Blutverzehrs einen theologischen Vorbehalt: Die *näfäsch,* die »Seele« bzw. Lebenskraft, die dem Tier von Gott gegeben ist, haben die Menschen sich nicht einzuverleiben. Der große Kommentator der Tora und des Talmud, Raschi (1040–1105), erläutert das Verbot auch dahingehend, dass in Wüstenzeiten nur im Zusammenhang des kultischen Opfers Fleisch gegessen worden war. Dabei wurde das Blut auf dem Altar vergossen. Damit auch jenseits der Wüste und nach der Zerstörung des Tempels daran gedacht werde, sei *so geschlachtet, wie ich es geboten habe* (Deuteronomium 12,21). Und das heißt dann immer auch: in einer bestimmten gehaltvollen Beziehung zum Schöpfer, nicht »einfach so«.

»Nicht einfach so« – ist das das Grundrezept jüdischer Küche?

Die Überschrift dieses Kapitels ist formuliert in Anlehnung an Almuth Hammer, Erwählung erinnern. Literatur als Medium jüdischen Selbstverständnisses. Mit Fallstudien zu Else Lasker-Schüler und Joseph Roth, Göttingen 2004.

4

8
Was hüpfen und tanzen lässt – richtig erzählen!

Die Theologie stellt sich unter den Anspruch, den Glauben im Forum der Wissenschaft durch präzise Begrifflichkeit, die Stärke ihrer Argumente und gedankliche Stringenz auszuweisen. Das verdient nicht nur Respekt, es ist unaufgebbar. Sonst ist dem Fundamentalismus schnell Tür und Tor geöffnet.

Aber der Glaube kann dabei sehr unanschaulich werden und wie ein reines Lehrstück erscheinen. Aus dem Blick geraten kann, dass Glauben in seinem Kern eine Frage der Lebenspraxis ist. Nicht zuletzt deshalb fragen Theologen und Theologinnen wie engagierte Christ:innen schon seit Längerem, ob nicht eine größere Nähe zur Literatur, überhaupt zum Erzählen, den eigenen Glauben näher zur Lebenswelt brächte. Könnte die Literatur inspirieren, frischer und sinnlicher vom Glauben zu sprechen, ihn vielleicht fantasievoller und gewagter ins Leben hinein zu »verwickeln« und uns in seine Geschichten hinein zu »verstricken«? Von Schriftsteller:innen erhoffen wir uns, dass sie uns die allzu geläufigen und glatt gewordenen Wörter »aufrauen«, uns Bilder und Metaphern, Poesie und Erzählstrategien an die Hand geben, um neu und lebendiger das »alte« Wort von Gott zu hören und zu sagen …

Man könnte meinen, diese für uns aktuellen Fragen seien schon im 18. Jahrhundert verhandelt worden. Von dem für seine Geschichten berühmten Dubnoer Maggid Jakob Kranz (1740–1804) heißt es:

Man fragte den Geschichtenerzähler von Dubno. »Warum hat eine Geschichte solch eine Kraft und starke Wirkung auf Menschen?«
Der Geschichtenerzähler von Dubno antwortete darauf: »Ich will es euch mit einer Geschichte erklären. Und das ist die Geschichte: Die Wahrheit zog einst umher, nackt und bloß, wie die Mutter sie zur Welt gebracht hatte, so dass niemand sie ins Haus einlassen wollte. Wer ihr zufällig begegnete, versuchte ihr voller Schrecken zu entlaufen. Als nun die Wahrheit in solch bitterer Not umherzog, traf sie auf die Geschichte. Und die Geschichte ging umher, in schönen Kleidern und prächtigen Farben gekleidet.
Die Geschichte fragte: »Sag mir, Meister, warum läufst du so niedergeschlagen und armselig durch die Gassen?« Die Wahrheit antwortete:
»Schlecht geht es mir, Bruder, ich bin schon alt, sehr alt, und niemand will etwas mit mir zu tun haben.«
Da antwortete die Geschichte: »Nicht weil du alt bist, lieben die Menschen dich nicht. Genau genommen bin auch ich sehr alt, aber je älter ich werde, umso mehr schätzen mich die Menschen. Ich will dir ein Geheimnis über die Menschen erzählen. Sie schätzen nur Sachen, die geschmückt und ein wenig verhüllt sind. Ich will dir solche Kleider borgen, wie ich sie habe, und du wirst sehen, dass die Menschen dich lieben werden.«
Darauf folgte die Wahrheit dem Rat der Geschichte und verkleidete sich mit den Gewändern der Geschichte. Von der Zeit an gingen Wahrheit und Geschichte Hand in Hand und die Menschen schätzen sie beide.

Finden wir im Judentum, das weit stärker auch von narrativer Theologie geprägt ist, also die Antworten auf christliche Reformwünsche? Begegnet uns hier nicht eine religiöse Lebenspraxis, die ohne Dogmen und Dogmatismus, ohne ärgerliche Lehrstreitigkeiten und die ihnen oft genug folgenden Diffamierungen und Exkommunikationen auskommt? Eine Kultur des Glaubens, die ihre Energien nicht auf Begriffsklauberei, sondern auf Fragen der Alltagspraxis konzentriert und zugleich eine narrative Kultur, eine Weisheit des Erzählens, entwickelt hat?

Ja und nein. Um es vorweg zu sagen: Die Verhältnisse und Problemlagen des Christentums lassen sich nicht eins zu eins auf das Judentum übertragen. Die Beziehungen zwischen Juden und Christen sind viel zu »verwickelt«, als dass derart schematische Parallelisierungen oder Entgegensetzungen etwas eintrügen. Wer das nicht durchschaut, riskiert, sich selber nicht zu verstehen. Die Würde und »Eigensinnigkeit« des Judentums würden übergangen und man hätte sich lediglich ein Bild der Juden und des Judentums nach eigenem Wunschbild verfertigt, mit dem zugleich ein Zerrbild seiner selbst einhergeht!

Auch das Judentum kennt Dogmen, Lehrsätze, deren Zustimmung unbedingt erwartet wird. So schließt der Mischnatraktat Sanhedrin beispielsweise diejenigen vom Leben in der künftigen Welt *(olam haba)* aus, die die Auferstehung oder die himmlische Herkunft der Tora oder die Auferweckung der Toten leugnen (Mischna Sanhedrin 10,1). Eine Dogmatik wie im Christentum hat das Judentum allerdings nie entwickelt. Gewiss, es gibt auch im Judentum mehrere Bekenntnisse oder Auflistungen von Glaubenswahrheiten. Doch solche *Ikkarim* (Glaubensprinzipien) hatten und haben bei weitem nicht die Bedeutung für die eigene Identitätsaussage wie die Konfessionen in den christlichen Kirchen. Das rabbinische Judentum hat seine Kräfte gebündelt in der Diskussion der religionsgesetzlichen Bestimmungen. Es wurden und werden Klarheit und Verbindlichkeit abverlangt in diesem Bereich der → *Halacha,* die den *way of life* modelliert. Umso offener und freier gerät dann die erzählerische und spekulative Ausdeutung der Schrift – all das, was unter → *Haggada* verstanden wird. Das Zueinander von → *Halacha* und → *Haggada* bringt der Talmud – bezeichnenderweise – erzählerisch zum Ausdruck:

> Raw Ammi und Raw Assi saßen einst vor Rabbi Isaak dem Schmied. Der eine sagte zu ihm: »Möge der Meister uns gesetzliche Traditionen lehren!« Der andere sagte zu ihm: »Möge der Meister uns erzählerische Traditionen lehren!« Als Rabbi Isaak nun anfing, eine erzählende Tradition zu lehren, wurde er von dem einen unterbrochen. Fing er aber an, eine gesetzliche Tradition zu lehren, unterbrach ihn der andere. Schließlich sagte Rabbi Isaak zu ihnen: »Ich werde euch ein Gleichnis erzählen. Womit ist unser Fall zu vergleichen? Mit einem Mann, der zwei Frauen hatte, eine junge und eine alte. Die junge Frau riss ihm die weißen Haare aus, und die alte Frau riss ihm die schwarzen Haare aus. Am Ende war der arme Mann von beiden Seiten glatzköpfig (babylonischer Talmud, Traktat Bawa Kama 60b).

Wo halachisch Entscheidungen zu treffen und durchzusetzen sind, wo die Diskussion darüber subtilen dialektischen Scharfsinn in höchstem Maße entfaltet, bietet die Haggada die Gelegenheit, Witz und Humor einzuspielen, Charme zu entwickeln und Seele und Gemüt Raum zu geben. Dass dabei diverse literarische Formen entstanden sind und manchmal eine hohe literarische Qualität erreicht wurde, die wir mit dem Begriff Literatur verbinden, steht außer Zweifel. Darüber hinaus aber wurde das Erzählen selber – vor allem in der Tradition des → *Chassidismus* – auch in seinem praktisch-religiösen Sinn erfasst. Martin Buber[8] erzählt:

> Man bat einen Rabbi, dessen Großvater ein Schüler des → Baalschem (ca. 1700–1760) gewesen war, eine Geschichte zu erzählen. »Eine Geschichte«, sagte er, »soll man so erzählen, dass sie selber Hilfe sei.«

Und er erzählte: »Mein Großvater war lahm. Einmal bat man ihn, eine Geschichte von seinem Lehrer zu erzählen. Da erzählte er, wie der heilige Baalschem beim Beten zu hüpfen und zu tanzen pflegte. Mein Großvater stand und erzählte, und die Erzählung riss ihn so hin, dass er hüpfend und tanzend zeigen musste, wie der Meister es gemacht hatte. Von der Stunde an war er geheilt. So soll man Geschichten erzählen.«

Martin Buber, Die Erzählungen der Chassidim, Zürich 1949, Jubiläumsausgabe 2014

5

9

Mose *gegen* Gott – um des Friedens willen

Krieg und Frieden ist ein so großes Thema, dass ein kleiner Beitrag wie dieser nur kapitulieren kann. Die weiße Fahne sei also von vornherein gehisst … Um mehr als einen Funken zur Sache kann es nicht gehen …

Die Kirchen haben nach 1945 ernsthafte und glaubwürdige Texte zu einer Kultur des Friedens veröffentlicht. Doch wie gewinnt man Distanz zu Traditionen, die Frieden aufs Spiel gesetzt, wenn nicht sogar Krieg befördert haben? Wie den Uniformgürtel definitiv ablegen, auf dessen Koppel »Gott mit uns« stand und wie das Segnen der Soldaten und Kanonen verlernen? Das muss geklärt werden, sonst bleiben auch neue Texte, Statements und Haltungen im Zwielicht.

In der rabbinischen Tradition gibt es einen Midrasch, der dazu inspirieren kann. Er zeigt, wie weit zu gehen ist, wenn es um den Frieden geht. Mose rückt dafür sogar von Gott ab! Verwegeneres dürfte auf dem Hintergrund der Bibel kaum zu denken sein.

In dem Midrasch Dewarim Rabba, einer erzählerischen Kommentierung zum Buch Deuteronomium, heißt es: »Obwohl der Heilige, gelobt sei er, zu Mose sagte: *Fang an zu erobern und streite wider ihn!* (Deuteronomium 2,24)« – gemeint ist der Amoriterkönig Sichon, den Gott in Moses Hand geben will, als die Befreiten im Ostjordantal Richtung Gelobtes Land zogen – »tat Mose es nicht, sondern sandte Boten.« Die Szene gehört in den großen Rückblick, den Mose vor dem Eintritt ins Gelobte Land hält. Anscheinend unaufgeregt erinnert er sich: *Da sandte ich Boten aus der Wüste von Kedemoth zu Sichon, dem König von Heschbon, mit folgendem friedlichen Angebot* (2,28). Davon dass er sich damit zugleich Gott widersetzt hatte – kein Wort! Und als ob jeder Gefahr gewehrt werden müsste, dieses faktische Abrücken von Gottes eigenem Auftrag zu überlesen, wiederholt der *Midrasch* seinerseits nochmals das »obwohl«: »Obwohl er (Adonai) ihm (Mose) sagte: Führe Krieg!, suchte er (Mose) Frieden zu schließen, denn es steht in der Tora: *Wenn du vor eine Stadt ziehst, sie zu bekriegen, so sollst du ihr den Frieden anbieten* (Deuteronomium 20,10). Deshalb sandte er zu Sichon Worte des Friedens, denn es heißt: *Da sandte ich Boten … mit friedlichen Worten*« (Deuteronomium 2,26).

Gott fordert auf zum Angriff, aber Mose verhandelt friedlich.

Die Rabbinen setzten sich mit Traditionen der Landnahme auseinander, die bekanntlich auf der Textebene oft genug kriegerisch sind. Doch sie kritisieren diese Traditionen nicht, wie es eine historische Kritik heute etwa tut. Die erklärt uns, dass es gewiss keine triumphale kriegerische Landnahme gab, sondern es sich um ein allmähliches Einsickern und Sesshaftwerden von wandernden Halbnomaden handelte. Damit löst man sich weit vom Text – und lässt auch theologisch durchaus manche Fragen offen wie zum Beispiel die, warum denn dann Gott so kriegerisch vorgestellt wurde. Schließlich sprechen davon die Texte. Und mit den historischen kritischen Hinweisen sind ihre Aussagen noch nicht aus der Welt.

Die vormodernen Rabbinen kennen solche Strategien der Distanznahme vom Text nicht. Sie bleiben ganz in seinem Gewebe und ringen *darin* um friedliche Lösungen. Wie machen sie das?

Der Midrasch gibt selbst den Weg und die Begründung für Moses Verhalten an: Die zitierten Worte vom friedlichen Verhandeln sind »Worte, die der Tora vorausgingen, Worte des

Heiligen, gelobt sei er, sind es, denn es heißt: *Worte des Friedens sollst du sprechen.*« Die Rabbinen, denen der ganze Text des → *Tanach* als Wort Gottes gilt, in dem alles, jeder Satz, jedes Wort, jeder Buchstabe, selbst der kleinste, bedeutungsträchtig ist, gewinnen durch diese uns heute fremde Auffassung Bedeutungsspielräume ganz eigener Art. Zur Relativierung eines Wortes Gottes an Mose »relationieren« sie es mit anderen Worten desselben Gottes. In ihrem Abrücken vom Auftrag Deuteronomium 2,24 zitieren sie nichts anderes als die Tora (!), die vor und nach dem Aufruf JHWHs zum Angriff vom friedlichen Vorgehen spricht. Gottes Wort wird mit Gottes Wort konfrontiert. Die Tora wird als großes Gespräch, auch als Diskussion und Disputation aufgefasst, so wie man es selber im Lehrhaus praktiziert. Und weil die Tora Gespräch ist, lässt sie sich nicht von mündlicher Tradition trennen, sondern will weiter ge- und besprochen werden. Ja, die mündliche Tradition ist selber Tora, ebenfalls am Sinai Mose neben der schriftlichen mündlich gegeben. Das Lehrhaus, die Synagoge sind die Orte, wo die schriftliche Tora wieder mündlich wird.

Und im gleichen Zug werden die Hörer der Tora und ihre Diskutanten Mitdisputierende selbst mit Gott über den Weg zum Frieden.

5
משנה ב׳
שלש אמות אמש סוד גדול מופלא
ומכוסה וחותם בשש טבעות
יוצאים אש ומים ומתחלקים זכר
שלש אמות אמש יסודן
אבות שמהם נברא הכל׳

10
Lasst uns den Menschen machen, nach unserem Bild, uns ähnlich! (Genesis 1,26) – zu gen- und reproduktionstechnischen Kreationen

Dieser Vers des biblischen Schöpfungshymnus führte jüdisch zu einer wahren Auftürmung von Fragen, die bis heute nicht abgeschlossen ist. Was hat es mit dem »Wesen« Mensch und seiner Ähnlichkeit mit Gott auf sich? Warum etwa der Plural in der Selbstaufforderung des Schöpfungshymnus? Waren, wie die Ungläubigen lästerlich fragten, etwa mehrere Götter am Werk? Doch schon einen Vers später heißt es in eindeutigem Singular: *Gott schuf* … Hatte Gott dann Berater? Wer mögen die gewesen sein? Waren es Himmel und Erde, die schon geschaffen waren, wie Rabbi Josua mutmaßt; oder war es Gottes Herz, was Rabbi Ami annimmt? Handelt es sich um einen einfachen *pluralis majestatis?* Oder, so fragt die Mystik des → *Zohar,* steht das Wir nicht für das All der Möglichkeiten des Schöpfers?! Und was meint dann *nach unserem Bild* (hebr. *zäläm)?* Und wieder folgt eine Kaskade von Erwägungen: doch wohl keine bildhafte Ähnlichkeit, sondern Gott als des Menschen Vor-Bild im Handeln? So jedenfalls versteht es der spanische Religionsphilosoph Saadia Gaon im 10. Jahrhundert. Maimonides (12. Jahrhundert) sieht – als Aristoteliker – die Ähnlichkeit in des Menschen Bewusstsein, während Jehuda Halevi (12. Jahrhundert) den Unterschied zwischen

Pflanze, Tier und Mensch in dessen Sprachfähigkeit ausmacht. Oder soll es vielleicht doch verborgen eine Art körperlicher Ähnlichkeit geben? Diese Spekulation der Mystik, die um einen Körper Gottes ahnt, dürfte auch heute noch Abwehrreflexe hervorrufen. Jizchaq Abrawanel im 15. Jahrhundert deutet die Verwandtschaft ganz funktional und poetisch zugleich: Er fasst *zäläm* im Sinne von *zäl* (Schatten) auf: Der Mensch wirft einen Schatten, einen Abglanz des Göttlichen, auf die Welt.

Sein und Wirken, Geist und Materie, Bewusstsein und Physis, alles, was den antiken und mittelalterlichen Geist durchzog, scheint wie in einem Brennglas in diesem Vers konzentriert worden zu sein.

In all diesen Fragen zeigt sich auch, wie umstritten das ganze Unternehmen »Mensch im Ebenbild Gottes« ist. In Bereschit Rabba, dem großen Midraschwerk nachtalmudischer Zeit zu Genesis 1 (VIII, I,26), wird erzählt: »In der Stunde, da Gott den ersten Menschen erschaffen wollte, beriet er sich mit den Dienstengeln und sprach zu ihnen: Wir wollen einen Menschen machen nach unserm Bilde und nach unserer Ähnlichkeit. Wozu? fragten sie ihn. Damit die Gerechten aus ihm erstehen. (Denn so steht geschrieben in) Psalm 1,6: *Der Ewige kennt den Weg der Gerechten.*« Es »teilten sich in der Stunde, wo Gott den ersten Menschen erschaffen wollte, die Engel in viele Parteien. Einige sagten, er soll nicht, andere sagten, er solle wohl erschaffen werden. Die Liebe (Gnade) sprach nämlich, er werde erschaffen, denn er (der Mensch) wird menschenfreundlich sein; die Wahrheit dagegen sprach, er werde nicht erschaffen, denn es wird Lug und Trug geben; die Gerechtigkeit sprach, er werde erschaffen, denn er wird Wohltätigkeit üben, der Friede sprach, er werde nicht erschaffen, denn es wird Streit und Zank geben. Was tat Gott? Er nahm die Wahrheit und warf sie zur Erde (vgl. Daniel 8,12). Die Dienstengel sprachen vor Gott: Meister der Welten! Was verachtest du die Ordnung und die hochgeschätzte Wahrheit? Lass die Wahrheit von der Erde aufsteigen (vgl. Psalm 85,12) … Während die Dienstengel so miteinander stritten und sich beratschlagten, bemerkte Rabbi Huna der Große von Sepphoris, erschuf Gott den Menschen! …«

Umstritten schon vor seiner Erschaffung, prekär und ambivalent von Anfang an, schließlich nur unter Ausschluss, das heißt nach dem Absturz der Wahrheit, möglich geworden: Ein eher dunkler Humor und eine gehörige Skepsis scheinen sich rabbinisch hier zu vereinen, wo es ganz grundsätzlich um den Menschen geht.

Vielleicht kein schlechter Ausgangspunkt, die heutige »Menschenmacherei« anzuschauen! Denn *Lasst uns den Menschen machen, nach unserem Bild!* könnte auch als Leuchtanzeige über manchem Bio- und Gentech-Labor stehen. Gewiss, aus purer Erde etwa oder nur aus Bits ist kein Mensch machbar. Doch seine Konstruktion aus »Elementarteilchen« ist im Gang: Sperma aus der Samenbank, Eizellen, hormonell stimuliert und den Ovarien entnommen, in der Petrischale aseptisch (sexfrei) befruchtet, der Leihmutter aus Thailand oder den Philippinen eingesetzt oder künftig in einer künstlichen Gebärmutter, um schließlich Vertreter und Vertreterinnen einer postmodern gestimmten technikaffinen *(upper) middle class* zu erfreuen: ein »Wir«, gerade so »totipotent« in seinen Selbstverwirklichungsansprüchen wie die Zellen, die es dazu verbrauchen lässt.

Bislang sind Eingriffe in die Keimbahn noch begrenzt, um das Bild des anvisierten Geschöpfs zu modellieren. Selektionen von Geschlecht sind in der Präimplantationsdiagnostik jedoch schon heute, die von Augen- oder Haarfarbe demnächst möglich oder eben, wie längst praktiziert, per Abtreibung.

Jürgen Habermas, der »religiös Unmusikalische«, mutmaßt, dass die Würde des Menschen ohne Rekurs auf die biblisch-religiöse Rede vom Ebenbild Schaden nehmen werde. Auch deshalb ist der Engelstreit übers Menschenschaffen unter den Bedingungen unserer Zeit neu aufzunehmen: als Streit, in welcher Götter Namen wo was und warum gemacht wird und ob sich das Ebenbild als Rohstoff für menschliche Eigen-Kreationen eignet.

משנה ד׳:
עשר ספירות בלימה עשר ולא תשע
עשר ולא אחת עשרה הבן בחכמה וחכם
בבינה בחון בהם וחקור מהם והעמד
דבר על בוריו והשב יוצר על מכונו:
9

11
Vom Gericht Gottes

Vom Gericht Gottes wurde in den vergangenen Jahrzehnten unter Christ:innen wenig gepredigt und gelehrt. Es war praktisch kein Thema. Dafür gab und gibt es gewichtige Gründe: Das jüngste Gericht diente allzu lange und zu oft als Drohkulisse einer Verkündigung, in deren Folge Seelen verwüstet wurden. Mit Blick auf viele Staaten erschien und erscheint die Institution Gericht zudem keinesfalls immer als Institution, die Gerechtigkeit und Emanzipation befördert. Für die negative Konnotierung des Gerichtes in unserem Denken und Fühlen gibt es aber noch weitere Gründe. Passt es nicht allzu gut zu bürgerlich gesicherten Lebensverhältnissen? Aufs Gericht verzichten kann schließlich sehr oft der, dem's gut geht, der nicht bedrängt und bedroht ist. Ein solches Lebensgefühl kann sich wiederum leicht einschmiegen in theologische Grundüberzeugungen, die manchmal allzu flott um einen Überhang der Gnade über jedes Gericht zu wissen glauben. Umso schwerer zu verstehen ist es, dass Recht und Gericht für das Judentum schon immer elementar bedeutsam waren und es zumal in unserer Zeit von dringlicher Bedeutung sind.

Elie Wiesel berichtet von schier unglaublichen Anstrengungen in der Zeit des Nationalsozialismus, Zeugnisse über die Barbarei an die Späteren weiterzugeben. »In jedem Getto und in jedem Lager waren, wie sich herausstellte, ›Chronisten‹ am Werk.« Sie schrieben im klaren Bewusstsein ihres sicheren Endes mit letzter Kraft. So ein Chaim Kaplan im Warschauer Getto: »Meine Kräfte reichen nicht aus, um alles

Notwendige niederzuschreiben. Vor allem mache ich mir Sorgen, ich könnte womöglich meine Kraft vergebens verbrauchen. Wenn ich gefangen genommen werde, könnten alle Anstrengungen vergebens sein. Meine größte Sorge betrifft das Versteck für meine Aufzeichnungen. Sie sollen der zukünftigen Generation erhalten bleiben. Solange mein Atem geht, will ich diese Aufgabe fortführen.« Sogar die Mitglieder der Sonderkommandos, die »allertraurigsten der traurigen Opfer, die gezwungen waren, ihre Brüder und Schwestern zu verbrennen, bevor sie deren Schicksal teilten«, schrieben und versteckten ihre Zeugnisse in der Asche der Krematorien.[9]

Warum all das? Waren es Akte des noch einzig verbliebenen Widerstands? Akte, eine letzte Würde zu wahren? Diese Zeugnisse mit ihrem Appell: Vergesst nicht! Erinnert! *Sachor!* zielen auf eine Öffentlichkeit, in der Recht und Gerechtigkeit zum Zuge kommen sollen. Wir wissen heute etwa von den Wahrheitskommissionen in Südafrika, wie elementar bedeutsam die Anerkennung von Unrecht als Unrecht für die Überlebenden, die Angehörigen – und die jeweilige Gesellschaft ist. Unerschrocken und weitsichtig hatte der junge Häftling Heinz Kahn in Auschwitz vor der Räumung des Lagers und der Vernichtung der Spuren durch die SS Dokumente in Marmeladendosen eingelötet und in einer Jauchegrube versenkt. Im großen Frankfurter Auschwitzprozess (1963–1965) waren sie wichtige Beweise vor Gericht.

Die christliche Erfahrung des Anbruchs der Heilszeit in Jesus, ihrem Messias, birgt eine Versuchung: im Überschwang dieser Erfahrung diesen Messias aus den Zeitläufen herauszuhalten und so auch selber »die Treue zur Welt« (Dietrich Bonhoeffer) aufzukündigen. Uns scheint, die immer wieder versuchten Anläufe, eine Erlösung von Sünde und eine fast garantierte Vergebung aller Sünden schon mitten in der Zeit für alle zu verkündigen, erliegt dieser Versuchung. Von manchen Theologen wird keine geringe Energie darauf verwandt, die letztendliche Rettung eines Hitlers, Himmlers und Görings in einem Jüngsten Gericht christlich-theologisch zu denken und den Überlebenden ihrerseits Verzeihung zu empfehlen, wenn nicht sogar, sie indirekt dazu zu drängen ... Doch steht das uns Christen zu, die wir der Täterzusammenhänge mit unseren Vorfahren bewusst sind? Sind das etwa Aufgaben der Kirchen in Gesellschaften, die Jahrzehnte versäumt haben, Recht zu sprechen über Massenmörder? Als Kirchen, deren Pfarrer, Priester und Klöster nach dem Krieg bereitwillig »Persilscheine« ausgestellt hatten? Legen sich praktisch, politisch, aber auch spirituell und theologisch nicht ganz andere Schlussfolgerungen aus unserer Geschichte nahe?

Eugen Kogon / Johann Baptist Metz / Elie Wiesel / Lucy S. Dawidowicz / Dorothy Rabinowitz /Robert McAfee Brown, Gott nach Auschwitz. Dimensionen des Massenmords am jüdischen Volk, Freiburg i. Br. 1979

Dr. Heinz Kahn (1922–2014) stammte aus Hermeskeil im Hunsrück und wurde als junger Mann nach Auschwitz deportiert, danach nach Buchenwald. Dort gehörte er dem bewaffneten Widerstand um Eugen Kogon an. Nach der Schoa war er Mitbegründer der Trierer jüdischen Kultusgemeinde und neben seinem Beruf als Tierarzt langjähriger Vorsitzender der Koblenzer Gemeinde. Mit seiner Frau Inge Kahn, die Theresienstadt überlebt hatte, gehörte er dem Rat der Überlebenden des Fritz-Bauer-Instituts an.

6

12
Von Kleidern, Decken und gutem Übernachten – zur Gnade des Gesetzes

Kann es nicht, wie jedem Super-Begriff, der aus dem narrativen Strom der Bibel gefischt und an der theologischen Angel stolz emporgehalten wird, auch der *Gnade* in solcher Höhe kalt werden? ... Wie etwa dem armen Mann, der sogar noch seinen Mantel verpfänden musste. Darum dass er dennoch die nächste Nacht gut überstehe, sorgt sich ein Gebot des »Bundesbuchs« (Exodus 20,22–23,33), der ältesten Rechtssammlung der Tora. In der Bibel direkt nach den Zehn-Worten von Exodus 20 platziert, ist es als deren Konkretisierung aufzufassen. *Nimmst du den Mantel deines Volksgenossen als Pfand, so gib ihn ihm bis zum Sonnenuntergang wieder zurück. Denn es ist seine einzige Decke, sein Kleid auf seiner Haut. Worin soll er (sonst) schlafen?* (22,26).

Die Mechilta des Rabbi Jischmael, ein rabbinischer Kommentar zu einigen Kapiteln von Exodus, geht jedem einzelnen Wort nach. »Decke: Das ist der Mantel. Sein Kleid auf seiner Haut: Das ist das Hemd. Worin soll er sonst schlafen? Das schließt auch das Fell ein.« Mantel-Decke-Fell: Die Worte, als einzelne ganz ernst genommen, führen zu einer maximierenden Auslegung des Gebots, so dass die Nacht nicht nur überstanden, sondern dass auch gut geschlafen werde. Rabbinische Exegese betrachtet den gesamten Text des → *Tanach* mit allen Wörtern und einzelnen Buchstaben und sogar den »Häkchen«, den Vokalzeichen des Konsonantentextes, als Offenbarung. Danach sind auch Wiederholungen oder Varianten einzelner Wörter nicht Fragen des Stils oder der Rhetorik, sondern verlangen eine Auslegung, weil sie »offenbarungsträchtig« sind. Auf diesem für alle Details achtsamen Weg gelangt die rabbinische Auslegung zu ebenso konkreten wie auch generösen gnädigen Deutungen.

Geradezu provokativ großzügig wird der Fall durchgespielt, dass einer die immense Summe einer Mine schuldig ist und gleichzeitig noch ein Gewand im Wert von 200 Denaren trägt, was dem Wert von 200 Tagessätzen eines Tagelöhners entspricht: ein wahrlich luxuriöses Kleidungsstück! Sollte von dem nicht verlangt werden, dass er seine Luxusrobe verkauft, eine Ein-Denar-Klamotte anzieht und die übrigen Denare zur Abzahlung seiner Schuld gebraucht? Doch die Mechilta vermerkt: Selbst dann gilt: » … es ist seine einzige Decke«.

Schon biblisch ist die Begründung für solch großzügiges Verhalten gegenüber dem Verpfändeten stark: JHWH selber bringt sich ein. *Wenn er (der Pfandgeber) zu mir schreit, werde ich auf ihn hören, denn ich bin barmherzig/gnädig (chanun)* (Exodus 22,26). Die Mechilta kommentiert: »Denn in Barmherzigkeit habe ich die Welt geschaffen.« Gnade, Barmherzigkeit ist danach der Schöpfungsgrund, die Matrix der Welt. Dass Gott den Schrei hört und erhört, kommt also von weit her. Eine der ersten Äußerungen Gottes, seit er sich Mose, dann den Hebräern als JHWH geoffenbart hat, ist das Hören ihrer Schreie: *Ich habe das Elend meines Volkes in Ägypten gesehen und ihre laute Klage über ihre Antreiber habe ich gehört* (Exodus 3,7). Auch seine Reaktion darauf ist großzügig: Gott steigt herab in die Niedrigkeit ihres Elends: *Darum bin ich herabgestiegen, um es aus der Gewalt der Ägypter zu befreien …* Ist mehr möglich? Nicht nur die Freiheit von Gewalt, sondern darüber hinaus verheißt er im selben Atemzug, sie *in ein schönes und geräumiges Land* zu führen, ein Land, *das von Milch und Honig fließt* (3,8). Mitempfinden, Barmherzigkeit, Gnade, Gunsterweis, Großzügigkeit, Befreien, Umsorgen – alle Gnade beginnt im Hören und Erhören von Schreien. Dieses Gehört- und Erhörtwerden sollte dann in den Stand versetzen, selber die Schreie zu hören, auch das Wimmern der Verpfändeten, und sich die Kälte der Nächte vorzustellen.

Das Gnädigsein, das das Bundesbuch reklamiert, will, rabbinisch gelesen, genau, konkret und dabei großzügig sein, so dass die Nächte nicht nur irgendwie überstanden, sondern auf Fell und Matratzen gut durchschlafen werden.

פרק שני משנה א׳:
עשרים ושתים אותיות יסוד שלש
אמות שבע כפולות ושנים עשר פשוטות
שלש אמות אמש יסודן כף זכות וכף
חובה ולשון חק מכריע בינתיים:
ל

13
Brüllen wie ein Löwe – wie von Gott sprechen?

Von Gott spricht die Bibel Israels sehr unbefangen: mit männlichen Bildern wie Richter, König, Retter oder auch weiblichen Metaphern wie von einer Bäckerin, einer Adlermutter oder Bärin. Entsprechend hält sie es mit seinen oder ihren Emotionen: eifernd, ja eifersüchtig ist er, die Ewige, gütig und langmütig; aber auch zornig, wenn ihre oder seine gute gerechte Ordnung bis ins Mark zerstört wird – und voller Erbarmen. Das hebräische Wort für erbarmen *(racham)* und Mitgefühl *(rachamim)* hat die gleiche Wurzel *(r-ch-m)* wie das Wort Mutterschoß *(rächäm)*. Damit unterstreicht die Bibel die weibliche Seite Gottes. JHWH ist leidenschaftlich. Auch *so* von ihm zu sprechen, bewirkt, dass sich nicht wenigen die Nackenhaare sträuben. Es dennoch riskieren, geht nur, weil all dieses Sprechen unter dem strengen Bilderverbot steht: Kein Bild kann den Einen und Einzigartigen repräsentieren, den Befreier aus dem Sklavenhaus auf ein Maß festlegen (Exodus 20,4–6; Deuteronomium 5,8–10). Aus Ehrfurcht vor diesem Gott sprechen Juden nicht einmal den Gottesnamen aus. Nur wenn das Bilderverbot und eine »heilige« Scheu das Sprechen grundieren und durchdringen, darf es nach biblischer Auffassung auch so sein: emotional und leidenschaftlich.

So halten es die Rabbinen (→ Rabbi). Im ersten Traktat des babylonischen Talmud, dem Traktat Berachot, diskutieren die Rabbinen, wie lange in die Nacht hinein das → *Schma Jisrael* noch gebetet werden könne. In dieser Diskussion sagt Rabbi

Jizchak im Namen Raws: »Die Nacht ist in drei Nachtwachen geteilt; in jeder Nacht sitzt der Heilige, gepriesen sei er, und brüllt wie ein Löwe, indem er spricht: Wehe mir, dass ich mein Haus zerstört, meinen Tempel verbrannt und meine Kinder unter die Völker verbannt habe« (Traktat Berachot 3a). Gott zeigt sich danach als Einer, der nicht nur bereuen kann, sondern sogar »brüllend« trauert. Und wenig später wird im selben Traktat von Rabbi Jose erzählt, dieser habe in den Ruinen Jerusalems gebetet. Da sei ihm der Prophet Elija begegnet und habe gefragt, was er in diesen Ruinen denn gehört habe. Und Rabbi Jose berichtet: »Ich hörte eine wie eine Taube girrende Hallstimme (das ist die Stimme aus dem Himmel) sprechen: Wehe, dass ich mein Haus zerstört, meinen Tempel verbrannt und meine Kinder unter die Völker verbannt habe.« Demnach hat Gott schon zweimal – wie gleich noch zu sehen ist: letztlich vielmals – sein Handeln an Jerusalem bereut und war sich nicht zu schade, sein Klagen nach Rabbi Jose wie das Girren einer Taube erscheinen zu lassen. »Da sprach er (Elija) zu mir: Bei deinem Leben, beim Leben deines Hauptes: nicht allein in dieser Stunde spricht sie (die Hallstimme) so, sondern dreimal täglich (spricht sie so). Und nicht nur das, auch zur Stunde, da die Israeliten in die Bet- und Lehrhäuser eintreten und rufen: Amen, gepriesen sei sein großer Name, schüttelt der Heilige, gepriesen sei er, sein Haupt und spricht: (…) wehe den Kindern, die vom Tisch ihres Vaters vertrieben wurden.«

Gott trauert anscheinend unaufhörlich, girrend wie eine Taube, und gibt dem ebenso lange währenden Schmerz leidenschaftlichen Ausdruck, brüllend wie ein Löwe. Seine teilnehmende Nähe ist keine sichtbare, für Menschen verfügbare. Nur gehört werden kann sie (vgl. Deuteronomium 4,15–20).

Für uns Christen kann dieser kleine Talmudausschnitt die Frage aufwerfen: Wann haben wir – »girrend« – getrauert mit Israels Trauer und vor Schmerz »gebrüllt« über das Unrecht, das wir, unsere Väter und Großväter, die Mütter und Großmütter Juden angetan haben?

Vielleicht hat Gott ohne solches Girren und Brüllen in seinem andauernden Schmerz gar kein Ohr für uns …

משנה ב׳:
עשרים ושתים אותיות חקקן חצבן
שקלן והמירן צרפן צר בהם נפש כל
היצור ונפש כל העתיד לצור:
7

14
»… dieses vom Hören besessene Volk …«

Die Ingeborg-Bachmann-Preisträgerin Katja Petrowskaja ist 1970 in Kiew geboren und russischsprachig aufgewachsen. Ihr Roman *Vielleicht Esther* (Berlin 2014) reflektiert die Suche nach ihren verstreuten Vorfahren, die sie nach Warschau und Auschwitz, nach Berlin, Paris, Wien und Mauthausen führt und via Telefon und Internet auch zu Überlebenden in den USA. In ihrer Familie »gab es alles«, wie sie schreibt: einen Bauern, einen Kriegshelden, mehrere Arbeiter, einen Physiker, einen Revolutionär und vor allem »viele Lehrer, die … taubstumme Kinder unterrichteten«. Auf der Suche gerade nach ihnen, die alles daransetzten, Stumme zum Sprechen zu bringen, stößt sie, die mit der jüdischen Tradition und Religion nichts verband, auf den »Grundakkord des Judentums«, sein »Losungswort und Treuebekenntnis« (Joseph Herman Hertz): das → *Schma Israel.* »Für dieses vom Hören besessene Volk war die gesprochene Sprache alles.« Und wie die Schüler ihrer Vorfahren ist sie es nun, die gestikulierend sprechen lernt.

Das »Höre Israel« ist eine Aufforderung zu hören, sich zu öffnen für etwas, das von außen kommt. Morgens und abends gesprochen im Gebet, ist es ein Imperativ, der die eine Botschaft hat: *JHWH elohenu JWHW echad,* Adonai ist unser Gott, Adonai einzig allein, oder auch: Adonai, unser Gott, Adonai ist einzigartig … Jüdische Identität konzentriert sich um dieses Hören im klaren Bewusstsein, dass solches Hören so selbstverständlich nicht ist. Gewiss, anders als die Augen, die man ganz unwillkürlich schließt und willentlich so leicht schließen kann, um nicht zu sehen, sind Ohren einfach da und hören. Ohren haben keinen Wimpernschlag. Sie sind viel passiver als die Augen, die einen wie Pfeile treffen oder die man selber auf etwas werfen kann, als Blicke, mit denen man nahezu töten kann. Ein Ruf, ein Schrei dringt dagegen ohne unser Zutun ans Ohr – eigentlich. Denn die Klage der Propheten – ebenso wie die von Jesus – weiß: *Sie haben Ohren und hören nicht.* Ohren können eben auch verschlossen werden. Oft müssen sie allererst geöffnet, »gebohrt« werden (vgl. Psalm 40,7; Jesaja 50,5). Zudem: Zu viel Gehörtes bleibt unerhört und wird vergessen.

Deshalb ist diese Aufforderung des *Schma Jisrael* eingelassen in ein Geflecht von erinnerungspraktischen Ritualen. Es ist anzubringen in den *Mesusot* (→ Mesusa), den Kapseln mit dem eingerollten Bibeltext an den Türpfosten, um beim Gehen und Kommen, beim Übertreten der Schwelle von innen und außen – dem Schritt, der so schnell vergessen macht! – berührt zu werden, so als könnten manchmal auch die Finger hören. Orthodoxe Juden legen (an Werktagen) die → *Tefillin,* Lederkapseln mit einem Pergamentstreifen, auf dem Deuteronomium 6,4 und andere Verse geschrieben sind, beim Gebet an die Stirn und um die – herznahe – linke Hand und den linken Arm. Mit den Ohren sollen Kopf und Herz geöffnet sein bei diesem Hören, dem es um Verbindlichkeit geht. Der letzte Buchstabe von *schma* (»Höre«), das Ajin (ע), und der letzte Buchstabe von *echad* (»einzig«), das Dalet (ד) sind im jüdischen Gebetbuch *(Siddur)* fett gedruckt. Zusammen gelesen ergeben sie das neue Wort *ed,* das Zeuge oder auch Dauer/ Ewigkeit bedeutet. Und darum geht es in diesem »Losungswort und Treuebekenntnis«: dauerhaft Zeuge des Einzigartigen zu sein oder Zeuge der Ewigen, wie es Rabbi Akiwa (ca 50 – ca. 135 n. Chr.) war. Der hatte wie viele andere das *Schma Jisrael* auf den Lippen – näherhin den letzten Konsonanten *d* –, als er als Märtyrer sein Leben aushauchte. Im abrupten

Ende des gepressten *echad* beim Gebet in der Synagoge ist das Echo dieser Zeugenschaft heute noch hörbar.

Der erste von Katja Petrowskajas »Taubstummenlehrer«-Vorfahren gründete für gehörlose Kinder in Wien in der ersten Hälfte des 19. Jahrhunderts eine Schule und brachte ihnen das Sprechen bei. Wer nicht sprechen konnte, galt als »geisteskrank«, Sprache und Sprechen dagegen als Ausweis von Verstand und Vernunft. Nur wer gehört werden kann, konnte dazugehören. Der Lehrer »hieß Schimon Heller. Vielleicht folgte er dem Ruf seines hebräischen Namens, denn Schimon heißt der Hörende, derjenige, der von Gott gehört hat und von ihm erhört wird«. Übrigens: Im Neuen Testament heißt der Anführer des Jüngerkreises um Jesus: Schimon.

Katja Petrowskaja, Vielleicht Esther, Berlin, 2014

ח
8

15
Was sagen zu Israel – Palästina?

Vorab: Kein Beitrag fiel uns je schwerer … Denn haben wir überhaupt etwas zu sagen? Müssen wir sprechen? Dürfen wir schweigen? Dürfen wir sprechen?

»Geh hin und lerne« heißt hier für uns, an die Noachidischen Gebote zu denken: Recht muss errichtet sein, und das schließt selbstverständlich ein: richtiges, gerechtes Recht (vgl. Traktat Sanhedrin 52 a/b). Und: Die Nürnberger Prozesse schärften das Gewissen für Menschheitsverbrechen und Menschenrechte. Das meint viel, in jedem Fall aber: Folter darf nicht sein.

Was ist noch zu sagen? Kampagnen wie die des BDS *(Boykott, Disvestment and Sanctions)* können aus unserer Sicht nicht befürwortet werden, weil sie in Teilen nachweislich antisemitischen Charakter haben oder zumindest Antisemitismus tolerieren, sofern das Existenzrecht des Staates Israel bestritten wird.

Darüber hinaus bleibt für uns aber ein Berg von Fragen.

Warum spüren so viele Menschen in Deutschland immer wieder ein so starkes Interesse, wenn nicht geradezu eine »Pflicht«, sich kritisch in die Streitigkeiten zwischen Israelis und Palästinensern einzumischen? Gab und gibt es ein vergleichbares Interesse, die Stimme zu erheben auch gegen das Unrecht im Iran und die Inhumanität in Saudi-Arabien? In Somalia, dem Kongo, im Südsudan, Myanmar und Nordkorea? Die anhaltenden Todesstrafen in China und den USA und etlichen anderen Staaten? Und … und … und … Haben wir die Taten unserer Väter und Mütter, Großmütter und -väter hinreichend bedacht? Psychologisch, in Glauben und Theologie durchgearbeitet, um wenigstens vor den schlichtesten Verschiebungseffekten gefeit zu sein? Wann hätten unsere Kirchen und unsere Gesellschaft die »Unfähigkeit zu trauern«, die Alexander und Margarete Mitscherlisch diagnostizierten, je überwunden? Wurde überhaupt je um fehlende jüdische Nachbarn getrauert? Wann fehlte christlichen Gemeinden jemals die Synagoge in der Nachbarschaft oder im nächsten Ort? Nicht nur bei Einzelnen oder in Gruppen, sondern in der Breite der Kirchen? Setzte denn Trauern nicht eine gelebte Nähe voraus, eine, die doch weithin erst nach der → *Schoa* »erdacht« und ertastet wird? Und auch das mühselig genug und nur gegen Widerstände … Und nüchtern betrachtet, auch nur in eher schmalen Segmenten der Kirchen.

Im Konflikt zwischen dem Staat Israel und den Palästinensern begegnet uns nicht zuletzt unsere Geschichte. Ohne dass die Gründung des Staates Israel 1948 auf den Holocaust reduzierbar wäre – doch ohne ihn lässt sie sich auch nicht denken. Und gilt nicht die Härte vieler israelischen Regierungen gegenüber den Palästinensern »eigentlich« uns oder unseren Vorfahren? Denn entstammt das »Nie wieder zur Schlachtbank«, gleichsam die Staatsräson Israels, nicht direkt der Geschichte der Schoa?

Zudem: Hat nicht eine rigide Neuvermessung der Welt im Nahen Osten nach dem Ersten Weltkrieg schon ihren Anteil an den heutigen Konflikten? Und lässt sich aus dem sicheren Abstand aus Deutschland, außerhalb von »Lebensverbindlichkeiten« (F. W. Marquardt), überhaupt »richtig« aus dem Glauben sprechen? Ist unser guter Rat hilfreich, sind Kritiken erträglich, wenn sie aus den Wohnzimmern Deutschlands nach Israel adressiert werden, wo das Busfahren nicht selbstverständlich ist und Raketen mitten in den Alltag einschlagen können? Denken wir an all das? Und auch an die Not, Demütigungen und Schikanen, die Palästinenser erleiden, wenn sie auf dem täglichen Weg zur Arbeit Checkpoints passieren müssen? An die Not der Christen und Christinnen im Gazastreifen, die dort ihre Identität kaum erkennbar machen können? An die Sehnsüchte, die Hoffnungen, die kleinen nach einem einfachen Leben mit etwas Wohlstand, die großen nach einem eigenen Staat? Denken wir an die Vernichtungsabsichten der Hamas und ihrer Schutzmacht Iran?

All dem voraus liegt die Frage, die nochmals gestellt sei: Können die Worte der Nachgeborenen aus dem Land der Täter überhaupt auf offene Ohren und Herzen derer hoffen, deren nahe Angehörige unschuldig und massenhaft in den Vernichtungslagern der Deutschen, staatlich organisiert und von breiten Teilen der Bevölkerung »irgendwie« hingenommen, industriell ermordet worden sind?

Israel und Palästinenser gehen uns an, keine Frage. Und vielleicht dürfen, sollen und müssen wir sprechen auch zu Israel und den Palästinensern, um beider Zukunft willen. Aber zuvor sollten wir die aufgelisteten Fragen – und noch einige andere mehr – beantwortet, ja, »durchgekaut« haben …

8
משנה יב:
אלו עשר ספירות בלימה אחת רוח
אלהים חיים ורוח מים ואש ורום מעלה
ותחת מזרח ומערב צפון ודרום:

16
»Geh hin und lerne!« – beim Judentum lernen

»Ein Nichtjude kam zu Schammai und sagte zu ihm: »Nimm mich ins jüdische Volk auf unter der Bedingung, dass du mich die ganze Tora in der Zeit lehrst, die ich auf *einem* Bein stehe.« Da stieß er ihn fort mit der Messlatte. Darauf ging er zu Hillel. Der nahm ihn ins Volk auf und sagte zu ihm: »Was dir nicht lieb ist, das tue auch deinem Nächsten nicht. Dies ist die ganze Tora. Der Rest ist nur die Erläuterung; geh hin und lerne sie!« (babylonischer Talmud, Traktat Schabbat 31a).

Die Geschichte von Hillel und Schammai ist eine von Hunderten aus dem etwa 6000 große Seiten umfassenden Werk des nachbiblischen Judentums, dem Talmud. Sie führt zwei Gelehrte vor Augen, die widersprüchlicher kaum sein könnten. Freundlich, verständnisvoll und sanft der eine, Hillel, schroff abweisend der andere, Schammai. Beide sehen sich mit der Frage konfrontiert, wie ein Mensch »aus der Völkerwelt«, ein → *Goj* also, Anschluss ans Judentums finden könnte. Gebieten es nicht Menschenfreundlichkeit und pastorale Klugheit, einem solchen suchenden Menschen verständnisvoll entgegenzukommen? Hillel scheint ein Vertreter einer solch »niedrigschwelligen« Pädagogik gewesen zu sein. Was seit Moses Tagen die Großen des Volkes umtreibt, die Tora Gottes als Weisung ins Leben zu verstehen und das möglichst konkret und alltagsnah, diesen Kosmos von Lehre fasst Hillel in *einem* Satz zusammen. Die Tora ist so auf eine Formel gebracht, die allgemeinmenschlich gilt, vertraut und verständlich ist: die Goldene Regel. Sie findet man so gut wie in jeder Religion und Kultur. Wie könnte der Kandidat fürs Judentum widerstehen, wenn seine Frage so evident, pfiffig und mit einnehmendem Charme beantwortet wird!

Schammai dagegen wehrt ab. Er habe, heißt es drastisch, den Frager mit einer Messlatte vertrieben (Schammai war Baumeister). Welcher Stil der »Glaubenskommunikation« soll nun gelten? Um es vorwegzunehmen: Die Gelehrten des Talmud entscheiden sich dafür, in Fragen der → *Halacha,* also bei Entscheidungen, die die Praxis verbindlich regeln, Hillel zu folgen. Man könnte sagen, »pastoral« zu entscheiden. Zugleich aber halten sie auch die Position des Schammai für durchaus bewahrenswert, sonst fänden wir sie heute nicht im Talmud. Kurz nach dieser Geschichte heißt es: »Die Ungeduld Schammais hat uns aus der Welt vertreiben wollen, die Sanftmut Hillels hat uns unter die Flügel der Einwohnung geführt« (Traktat Schabbat 31a). Das ist eine schwerwiegende Begründung, meint Einwohnung, hebräisch → *Schechina,* doch nichts Geringeres als die Gegenwart Gottes in dieser Welt. Hillels »Linie« befördert also ein Leben in dieser Welt vor und mit Gott. Und doch ist zu fragen, ob Schammai mit dem Schwingen der Messlatte nicht auch einen beachtenswerten Maßstab zur Geltung bringt. Denn schützt das brüske Verhalten des Schammai nicht davor, einen jüdischen *way of life,* für den auch zu seiner Zeit Menschen mit ihrem Leben eingestanden sind, nur als Stoff für belanglose Unterhaltung zu benutzen? Und erinnert es nicht auch an das schroffe, geradezu ausfällige Wort Jesu, Säuen keine Perlen vorzuwerfen (vgl. Matthäus 7,6)? Macht Hillel es seinerseits dem Suchenden nicht zu leicht, wenn er sich auf dessen Fragespiel einlässt? Setzt er sein Judentum nicht der Gefahr aus, allzu wohlfeil zu erscheinen; einer Gefahr, vor der Dietrich Bonhoeffer im Blick auf den christlichen Glauben warnt, wenn er von »billiger Gnade« spricht?

Elie Wiesel (1928–2016), der jüdische Zeitzeuge der → *Schoa* und Schriftsteller, ist in der Welt des *Talmud* groß geworden. Er hat sich in unserer Epoche mit talmudischen Argumenten und Einwänden in die Diskussion eingeschaltet – und stellt sich, nachdem er lange Zeit Hilles Toleranz favorisiert hat, dann auf die Seite Schammais! »Meine Sympathie gehört Schammai, weil er es ablehnt, das Spiel des Liberalismus ohne Maß und Ziel zu spielen. Er ist ein Mensch aus einem Guss, eine integre Persönlichkeit, und will, dass alle Menschen so sind. Er verabscheut es nicht weniger, andere zu täuschen, als sich selber falschen Hoffnungen hinzugeben. Mit Leuten, die sich unter Vorbehalt bekehren oder weil es gerade Mode ist, will er nichts zu tun haben, und geniert sich nicht, es in aller Öffentlichkeit kundzutun.« Wiesel schätzt Schammai, weil der für die »Ablehnung eines gefährlichen, weil überhandnehmenden Gefälligkeitsdenken« steht.[10]

Nehmen wir die Einwände im Sinne Schammais ernst, dann übersehen wir nicht, dass der freundlich, allzu freundlichen Kurzformel Hillels die Aufforderung folgt: »Geh hin und lerne!«

Aus der kleinen Übung, auf einem Fuß stehend Tora zu lernen, wird damit ein ganzer Lehrgang. Er führt den Suchenden, wenn er sich darauf einlässt, in ein weites Land der Kommentare, des Tora-Erwägens und -Suchens bei Tag und Nacht, ein Leben lang (vgl. Psalm 1,2). Der Tropfen der Kurzformel geht auf im Ozean, mit dem der Talmud oft verglichen wird.

Wie schon im Vorwort vermerkt: Als Christenmenschen aus dem Judentum lernen erfolgt hier nur – das sei klar deklariert – *stante pede:* gleichsam auf einem Bein stehend und nur kurze Stücke lesend. Dass das überhaupt riskiert wird, verdanken wir der Ermunterung Hillels. Ohne die Messlatte Schammais aber blieben unsere Lerngänge in der Gefahr, nur zu »touristischen Ausflügen« zu geraten. Hillel und Schammai gehören mit allen Gegensätzen zusammen. Nimmt man diese Spannung auf, läuft ein Lernen beim Judentum nicht auf eine jüdisch-folkloristische Auffrischung des eigenen Glaubens hinaus. Es sucht vielmehr die Verbindung mit dem Volk von »Gottes erster Liebe« (Friedrich Heer), der bleibenden Heimat Jesu, wie wir – allzu spät – zu begreifen beginnen. Und das im Bewusstsein, dass es nur ein Anfang ist, ohne jede Aussicht auf ein Ende.

Elie Wiesel, Die Weisheit des Talmud. Geschichten und Portraits, Freiburg i. Br. 1995

משנה ה'
יצר מחוזה ססש ועשה אינו ישנו
והצב עמורים גרולים מאויר שאינו
נתפש וזה סימן צופה ומיסר עושה כל
והמור וארת כל הרברים כשם אחר
וסימן לרבר עשרים ושתים מניים
ותף אחרי.
6

17
Kränkungen und Blutvergießen – schämen und beschämen

Wer sich schämt, mag sich nicht mehr im Spiegel anschauen; der Blick richtet sich ziellos nach unten ... So fangen wir gewöhnlich an, »Phänomene« zu erfassen: hinschauen, bedenken, um zum »Wesen« der Sache vorzudringen, ein Vorgehen, das am besten in einer Definition endet. Gesucht ist dann ein Oberbegriff und eine nähere Bestimmung: Scham oder hier Kränkung ist ein Gefühl, das ...

Ganz anders gehen die Rabbinen damit um. Sie diskutieren, ein Wort ergibt das andere. Was ähnlich klingt, gehört auch zueinander und kann neue Fährten erschließen. Schließlich sind alle Wörter der Schrift bedeutungsträchtig, sogar jeder Buchstabe. Konkrete Beispiele des Lebens werden auf ihre biblischen Resonanzen abgehört und umgekehrt. Abgekürzt und pointiert, (scheinbar?) assoziativ, scharfsinnig und ironisch, subtil und kühn zugleich wird im Talmud – und das Generationen übergreifend! – diskutiert, erörtert und gefragt.

Für uns kann das überaus schwierig, oft verwirrend oder, wie Emmanuel Lévinas (1906–1995) mutmaßt, auch »byzantinisch« anmuten. Aber Vorsicht: Wenn es talmudisch »nur« um schiefe Wände des Lehrhauses, die Reinheit oder Unreinheit reparierter Ton-Öfen, um Ochs und Ei oder allein schon um ein unernstes Nachfragen nach dem Kaufpreis oder Ähnliches – scheinbar – Unbedeutendes geht, zeigt sich darin nicht nur »eine extreme Aufmerksamkeit für das Reale« (Lévinas). Verhandelt wird auf diese Weise Wichtiges, Weitreichendes, Grundsätzliches: im Einzelfall nicht weniger als Leben und Tod und wie Gott dazu steht.

So auch wo es um Beschämung oder Kränkung durch Worte geht. Letztere sei der Übervorteilung beim Verkaufen gleichzusetzen, meint die → *Mischna,* die rabbinische Diskussion der Frühzeit, im Traktat Bawa Mezia 59a. Denn für unfairen Verkauf sowie auch Kränkung steht hebräisch dasselbe Wort (»Schuld«). Und umgehend folgen konkrete Beispiele: Gekränkt wird ein Verkäufer etwa, wenn ein Käufer beim Handel ohne ernsthafte Kaufabsicht nach dem Preis fragt; gekränkt wird, wer Buße tat und dennoch auf seine Verfehlungen angesprochen wird, oder der Konvertit/ → Proselyt, den man an die Unsitten und Fehler seiner Vorfahren erinnert. Und die biblische Begründung dafür kann auch überraschen: Nicht weniger als das doch in der Tora und bei den Propheten so gewichtige Verbot: *Einen Fremdling sollst du nicht kränken und nicht bedrücken* (Exodus 22,20) wird dafür aufgerufen. Denn der Konvertit wird talmudisch mit demselben Wort wie der Fremdling bezeichnet. Also gelten auch für ihn nach rabbinischer Schriftauslegung die entsprechenden Schutzgebote.

Daran schließt sich in Bawa Mezia die → *Gemara* an, die späteren Kommentierungen und Fortsetzungen der Diskussion. Die in der *Mischna* gegebenen Beispiele werden von ihr zunächst bestätigt und erweitert. Wenn jemand krank ist oder sein Kind beerdigen muss oder von einem anderen Verhängnis getroffen wird, verhalte man sich nicht wie die Freunde Hiobs diesem gegenüber. Die meinten es gewiss gut und freundschaftlich, und ihre Argumente waren auch nicht schlecht. Und doch: In dieser Situation verletzten ihre Worte. Und selbst wer einen Eseltreiber auf der Suche nach Futter für seine Tiere bewusst frustriert, indem er ihm falsche Adressen für seine Suche nennt, kränkt ebenfalls. Gewiss, derartige »Fiesheiten« sind im Allgemeinen nicht nachweisbar; es sind, wie die Rabbinen es charakterisieren, Handlungen, die »dem Herzen anvertraut« sind. Aber auch wenn ein solches Verhalten für den Frustrierten nicht lebensbedrohlich ist, provoziert es doch Gott!

Allerdings macht Rabbi Jochanan »im Namen von Rabbi Schimon ben Jochai« dann doch – bei aller gleichen Beurteilung durch den Begriff Schuld – einen gravierenden Unterschied aus: Die Kränkung durch Worte ist für ihn eine schwerere Sünde als die geldliche Übervorteilung. Schließlich betrifft, so Rabbi Eleasar, diese nur das »Vermögen«, jene aber den »Körper«. Zudem kann eine Übervorteilung schnell korrigiert werden. Doch, so dürfte unausgesprochen mitgesagt sein: Wie kann Kränkung, wie Beschämung, die die Person ganz »persönlich« trifft, ungeschehen gemacht werden?

Dass Gott selbst provoziert wird durch Kränkung eines Menschen, erscheint uns wie ein Knotenpunkt in diesem Diskussionsnetz. Mehrere Einlassungen befassen sich damit. Die eine geht – darin sehr patriarchalisch, wie es der ganze Kontext war – davon aus, dass Frauen eher den Tränen nah sind als Männer. Deshalb rät Raw (→ Rabbi): Stets sei man vorsichtig mit der Kränkung seiner Frau, denn da Tränen bei ihr häufig sind, ist auch die Ahndung ihrer Kränkung nahe. Doch wieso das? Rabbi Eleasar erläutert es. Er erinnert an die schmerzliche Erfahrung, dass »die Tore des Gebetes« verschlossen sein können, denn es heißt: *Auch wenn ich schreie und wehklage, bleibt mein Gebet verschlossen* (Klagelieder 3,8). »Aber«, fährt er fort, »sind auch die Tore des Gebetes verschlossen, nicht verschlossen sind die Tore der Tränen, denn es heißt: *Erhöre mein Gebet, o Adonai, horche auf mein Wehklagen; zu meinen Tränen wirst du nicht schweigen* (Psalm 39,13).

Auch wenn Schreien und Klagen verhallen, die Tränen erreichen und berühren noch Gott. Deshalb: Vorsicht vor Kränkungen, die Tränen provozieren!

Das wiederum bestätigt Rabbi Chisda, verschärft die Lehre aber, indem er sie verallgemeinert für alle Fälle von Kränkung, auch die, in denen keine Tränen fließen. »Alle Tore sind verschlossen, ausgenommen die Tore der Kränkung.« Und er begründet das mit einem Verweis auf den → *Tanach,* der befremden kann: Denn es heißt: *Siehe, der Herr steht auf einer Bleilot-Mauer und hält ein Bleilot in seiner Hand* (Amos 7,7). Im Hebräischen ähneln die Wörter *Bleilot* und *Kränkung* einander im Klang wie in einigen Buchstaben. Das genügt, um zu verdeutlichen: Gott ist, wo gekränkt wird, nahe dabei, geradezu körperlich nahe. Er berührt diese Situation so, wie die Füße die Bleilot-Mauer berühren und die Hand das Bleilot.

Für uns Heutige, die wir unser Bewusstsein von ethischer Sensibilität dann doch für einigermaßen entwickelt halten, dürfte noch irritierender wirken, dass die Kränkung der Worte sogar mit Totschlag, wenn nicht Mord, gleichgesetzt wird. So heißt es im selben Traktat: »Wenn jemand seinen Nächsten öffentlich beschämt, so ist es ebenso, als würde er Blut vergießen …«

Wären die Rabbinen erstaunt gewesen, heute von Seiten der Psychoanalyse oder Kriminologie zu hören, dass manchem Tötungsdelikt eine tiefe Beschämung der Täter zugrunde liegt?

משנה ד׳:
שלש אמות אמש בשנה אש ומים
ורוח חום נברא מאש קור ממים ורויה
מרוח מכריע בנתים: שלש אמות אמש
בנפש אש מים ורוח ראש נברא

18
Verheißenes Land – kommunizierende Röhren

Ein Blick auf Israel und die autonomen Gebiete der Palästinenser kann hilflos und ohnmächtig machen: Wie ein dicker Filz haben sich die Konflikte über Jahrzehnte verdichtet, oft genug von Blut verklebt … Konkurrierende Ansprüche und Gewalt, unterminierte Friedenspläne, rigide Politik und Schichten von Ressentiments türmen sich auf über diesem kleinen Land – und in all dem die biblische Verheißung an Abraham und seine Söhne und Töchter, Generation für Generation (vgl. Genesis 12,1–3) … Was sollen dazu Christen, zumal aus Deutschland, sagen?! Und wie? Wir sind doch in den Filz verwoben. Der Staat Israel, wesentlich Resultat des europäischen Antisemitismus des 19. Jahrhunderts, wurde zudem nach der Schoa Refugium der Überlebenden. Ist dieser Staat nicht (auch) die große Institutionalisierung eines jüdischen *Nie wieder!?*

Angesichts eines solchen Problemkomplexes kann man theologisch in Versuchung geraten: Ist nicht das Land als Unterpfand der göttlichen Heilszusage – christlich gesehen – ganz und gar in Jesus aufgegangen, also personalisiert worden? Und ist die Zusage des Heils durch ihn nicht zugleich universalisiert worden? Was geht uns also das Stückchen Land im südöstlichen Mittelmeerraum an?

Zu glatt und ungebrochen allerdings nehmen sich solche Erledigungen aus, um als tauglich gelten zu können … Zudem: Sie erübrigen nicht den Blick in die rabbinische Tradition und auf jüdisches Selbstverständnis. Da aber begegnet ein »Ozean« an Meinungen und Positionen, die jede Auswahl unversehens als Willkür erscheinen lassen. Was tun? Der Dialektiker, der Walter Benjamin (1892–1940) auch und nicht zuletzt war, empfiehlt in Fällen allzu komplexer Probleme, den Druck zu erhöhen … Hier soll das heißen, aus dem Ozean des talmudisch-rabbinischen Denkens die Meinung herauszufischen, die unserem sich aufgeklärt fühlenden Bewusstsein zusätzlich Widerstand bietet, weil allzu unverständlich anmutend.

In einem rabbinischen Kommentar zu Genesis (Genesis Rabba 96,5) heißt es: »Begrabe mich nicht in Ägypten! Warum wollten alle Väter im israelitischen Land begraben sein? … Unsere Rabbinen haben im Namen des Rabbi Chelbo zwei Gründe angegeben, weshalb die Väter im verheißenen Land begraben sein wollten: weil die Toten dieses Landes zuerst in den Tagen des Messias zu neuem Leben auferstehen werden und weil sie die Jahre des Messias genießen (eigentlich: essen).«

Beides also: die Ankunft des Messias mit der Auferstehung als auch das Leben in der messianischen Zeit spielen sich im verheißenen Land ab. Deshalb kann ein Rabbi Chanina sagen: »Wer im Ausland gestorben und dort begraben ist, ist zweimal gestorben …« Die Bedeutung des Landes kann kaum höher eingeschätzt werden, gewiss. Es ist eingelassen in die große Geschichte Gottes mit seinem Volk, den Bund und die Gabe der Tora, die das Leben im Land unter einen Anspruch stellt, wie das Land Voraussetzung dafür ist, dass ganz nach der Tora gelebt werden kann … Kein Wunder also, dass das Land auch eine messianische Größe ist. Doch führt das auch zu Problemen der Gerechtigkeit. Denn »auf diese Weise, wandte Rabbi Simon ein, würden doch die Frommen, welche im Ausland begraben sind, einen Verlust erleiden? Allein, was macht Gott?« Und die Antwortet lautet. »Er macht Röhren in die Erde, und er tut sie (die verstorbenen Frommen) in die Röhren, und sie wälzen sich (wie Schläuche) fort, bis sie in das jüdische Land kommen, wo Gott den Geist des Lebens gibt und sie auferstehen. Woher lässt sich das beweisen? Aus Ezechiel 37,12.« Bei Ezechiel heißt es: *So spricht Gott Adonai: Siehe, Ich öffne eure Gräber und hole euch, mein Volk, aus euren Gräbern herauf. Ich bringe euch zum Ackerboden Israels.* Der rabbinische Text wirft manche Fragen auf. Soll er womöglich den Verbleib der Juden in Babylon rechtfertigen, nachdem eine Rückkehr ins Land durchaus möglich geworden war? Selbst wenn es so ist, belegt der Text, wie unverzichtbar die Kommunikation mit dem Land auch dann war und ist.

Noch heute wird nach Möglichkeit jedem Juden, der außerhalb des Landes gestorben und begraben ist, eine Handvoll Erde aus Israel ins Grab geworfen: Unterpfand einer Hoffnung auf messianische Zeiten, die ihrerseits nicht einfach vergeistigt, verinnerlicht wird, sondern an das Land gebunden bleibt. Eschatologische Hoffnung mit Bodenhaftung!

Nichts anderes belegt auch der Umstand, dass in der Diaspora, in klimatisch oft genug ganz anderen Verhältnissen als im verheißenen Land, dreimal am Tag im → Achtzehn-Bitten-Gebet rezitiert wird: *Adonai wird vor dir aufschließen seine Schatzkammer voll Gut, den Himmel, um den Regen deines Landes zu geben zu seiner Zeit, um zu segnen alles Werk deiner Hände …* (Deuteronomium 28,12). Vielleicht im Winter in Mitteleuropa gesprochen, wo Regen für die Aussaat zu dieser Zeit keinen Sinn machte, »erscheint (darin) das tiefe innere Band zwischen Israel und dem Land – nachdrücklicher und deutlicher als in allen enthusiastischen Reden und Verbundenheitsbekenntnissen zusammen« (Elie Munk).

משנה ז׳:
עשר ספירות בלימה נעוץ סופן
בתחילתן כשלהבת קשורה בגחלת
שארון יחיד ואין לו שני ולפני אחד מה
אתה סופר:

19
Vom Atmen und Zwitschern der Schulkinder – Lernen und Bildung

»Rabbi Jehuda sagte im Namen von Raw (→ Rabbi): Gesegnet die Erinnerung an Jehoschua ben Gamla (Hoherpriester im Jahr 62–63 n. Chr.). Denn ohne ihn wäre unter den Juden die Tora vergessen worden. Einst war es so, dass ein Kind von seinem Vater Tora lernte. Aber wenn es keinen Vater hatte, war niemand da, um es zu lehren. Jehoschua ben Gamla sorgte dafür, dass in jedem Ort Lehrer eingestellt wurden und dass jedes Kind mit sechs oder sieben Jahren zur Schule ging« (babylonischer Talmud, Traktat Baba Batra 21a).

Wenn eine Kultur für sich beanspruchen kann, dass Lernen und Bildungserwerb nicht nur wichtig, sondern für den Alltag bestimmend sind, ist es das rabbinische Judentum. »Studieren« gilt ihm als nicht weniger denn Gottesdienst, und das in einem durchaus strikten Sinn. So schärft etwa Resch Lakisch – nach der Zerstörung des Tempels! – ein: »Niemals dürfen Kinder aus ihrem Studium herausgeholt werden; nicht einmal zum Bauen des Tempels« (Traktat Schabbat 119 b). Und auf derselben Talmudseite heißt es: »Die Welt wird nur durch den Atem der Schulkinder erhalten.«

Von ihnen hängt Gedeih und Verderb, ja Sein und Nichtsein ab. Das Lernen ist also notwendig für das Überleben der ganzen Welt! Auf die Frage der Völker, ob sie Hand an das Volk Israel legen dürfen, antwortet Rabbi Abba bar Kahana (um 310): »Geht und besucht ihre Gebets- und Lehrhäuser! Wenn ihr Kinder daselbst findet, die mit ihrer Stimme zwitschern, so könnt ihr euch nicht an sie machen« (Predigtsammlung Pesikta de Rab-Kahana XV/5). Der Sinn für das ganz Elementare des nackten Überlebens verbindet sich hier mit dem lerntechnisch Klugen, meint Zwitschern doch das melodiöse Wiederholen eines Textes, der sich so, gesungen, viel nachhaltiger einprägt. Lehr- und Lernauftrag, Lerntechnik und Überlebenskampf – empfiehlt sich rabbinisches Bildungsverständnis mit dieser Kombination nicht gerade einem aktuellen nationalen Bildungs-Reformeifer im Kontext der Globalisierung?

Manche bildungspolitischen Maßnahmen fassen Bildung als Rohstoff auf, der auf dem globalen Markt gut verkauft werden muss. Konsequenterweise wird vor allem betriebswissenschaftliches und organisationstheoretisches *know how* mobilisiert, um »sich neu aufzustellen«. Es gilt Positionen zu erobern, um die mittelmäßigen und letzten Plätze auf der PISA-Liste anderen zuzuweisen. PISA (Abkürzung für *Programme for International Student Assessment)* ist ein Auswertungsprogramm der Organisation für wirtschaftliche Zusammenarbeit und Entwicklung (OECD) für Schulleistungsuntersuchungen. Das Zauberwort, das all das erklärt und rechtfertigt, heißt Globalisierung. Es geht um Anteile auf dem Super-Markt der Welt. Bildung ist in diesem Kampf Rohstoff, Produkt und Instrument, wenn denn nicht gar Waffe!

Deckt das rabbinische Bildungsverständnis eine solche Auffassung?

Mindestens dreierlei steht dem entgegen:

1. Studieren ist rabbinisch immer ein Studieren der Tora als Einweisung in gerechtes Leben. Studieren trägt somit die Hoffnung auf eine Welt ohne Verdrängungskämpfe in sich.

2. So klug und ausgereift rabbinische Lern- und Mnemotechniken auch sind: Dieses Studieren lässt sich nicht auf Effektivität und Nützlichkeit stutzen. So ziehen ganz und gar »unnütze« Themen wie etwa die Feldwirtschaft im gelobten Land – Jahrhunderte nach seinem Verlust! – durchaus die

Konzentration der Lernenden in klimatisch ganz anderen Regionen der Welt auf sich; einzig weil es darum geht, der Verheißung Gottes nachzudenken und ihm auf diese Weise die Ehre zu geben: durch Atmen und Zwitschern.

3. PISA attestiert den deutschen Bildungsverhältnissen seit Jahren massive soziale Diskriminierung. Eine rabbinische Elite weiß sehr genau um die Verlockungen zur elitären Beschlagnahme von Bildung. Gleich mehrfach wird deshalb gefordert: »Gebt acht auf die Kinder der Armen, denn von ihnen geht die Tora aus« (vg. babylonischer Talmud, Traktate Nedarim 81a und Sanhedrin 96a).

ז
משנה ז׳:
עשר ספירות בלימה נעוץ סופן
בתחילתן כשלהבת קשורה בגחלת
שארון יחיד ואין לו שני ולפני אחר מה
אתה סופר:

20
Koschere Handys? – Zum Umgang mit den Massenmedien

Nicht nur für Christenmenschen dürfte eine solche Frage einigermaßen sonderbar klingen, wohl auch für nicht wenige Juden und Jüdinnen; nicht aber für orthodoxe. Was meint → *koscher?* Und was sollen koschere Handys sein?

Die Welt unter dem Gesichtspunkt koscher/nicht koscher zu betrachten macht eine elementare Unterscheidung auf: Was ist geeignet, mit Gott in Beziehung zu treten, was hindert daran? Diese Perspektive wehrt einer falschen Selbstverständlichkeit unserer Gottesbeziehung, einem allzu simplen »von Du auf Du«, was unversehens auf eine »Verkumpelung« hinauslaufen kann. Ein jüdisches Gottesverständnis weiß durchaus um eine große, geradezu intime Nähe seines Wortes: Das hat seinen Ort im Herzen, ist gleichsam ins Herz der Menschen eingraviert (vgl. Deuteronomium 6,6), wie zweimal täglich im → *Schma Jisrael* erinnert wird. Dieses Gottesverständnis hat aber auch Sinn für die Abstände und zugleich dafür, dass Materielles und Alltägliches durchaus bedeutsam sind. Es misstraut der Auffassung, Körper, Leib und Materie seien nur »äußerlich«, während das »Eigentliche«, das Hohe allein im Geistigen und Geistlichen, das Wahre im Inneren liege … Deshalb fragen orthodoxe Juden etwa mit Blick aufs Essen: Weißt du, was du da isst? Was das, was du in dich nimmst, beinhaltet und wie es hergestellt wurde? Aus welchem Gefüge von Bedingungen es hervorgegangen ist und, wie zubereitet, es in dich kommt? Was hier aufklärerisch-ökologisch klingt, darf nicht den tiefsten Grund der Speisegebote verdecken: die Beziehung zu Gott, die durch das Halten seiner Gebote verwirklicht wird. Diese Haltung lässt sich auch so umschreiben: Stehst du nur als Geist vor Gott oder als ganzer Mensch mit all seinen Bezügen? … Auf diesem hier nur angedeuteten Hintergrund klingt die Frage nach koscheren Handys vielleicht nicht mehr nur sonderbar.

Jedenfalls war so die Glosse in einer großen Tageszeitung überschrieben, in der sich der orthodoxe Rabbiner Yitzchaq Ehrenberg zu Massenmedien äußert. Die Vorteile von Handy, Smartphone, Internet und Ähnlichem liegen auch für ihn auf der Hand. Sie können und sollen genutzt werden, zieht er selber doch auch Nutzen aus ihnen. Doch ihr Gebrauch ist nicht selbstverständlich. Nichts Menschengemachtes ist selbstverständlich, all unserer Hände Werk kann ambivalent sein. Ambivalent, wenn es um die Frage geht, ob es uns in der Begegnung mit Gott dient oder daran hindert. Diese Perspektive steckt hinter der Frage in der jüdischen Tradition, ob etwas koscher ist oder nicht. Ist es dienlich oder ist es hinderlich – für unsere Beziehung zu Gott, für unsere Beziehung untereinander. Deshalb werden immer wieder sehr konkrete »Gebrauchsanweisungen« formuliert, zum Beispiel, dass manche Seiten im Internet für Kinder zu sperren sind oder dass nicht während Arbeitsphasen angerufen werden soll.

Rabbiner Ehrenbergs Auslassungen enden im *Sabbat.* Am Sabbat ruht alles und das heißt auch:

Alle Medien sind abgeschaltet. Die Dauerkommunikation ist unterbrochen. Ein neuer Zeit-Raum wird aufgemacht, einer, in dem tief durchgeatmet werden kann.

Wenn die mediale Kommunikation erst einmal unterbrochen ist, kann auch die Frage auftauchen, was die Medien eigentlich sollen und unter welchem Anspruch sie stehen.

Der → *Tanach* formuliert kein prinzipielles Wahrheitsgebot oder Lügenverbot. Konkreter und kontextbezogener heißt es vielmehr im Dekalog: *Du sollst nicht falsch Zeugnis ablegen* (Exodus 20,16). Die Rabbinen nehmen das zum Ausgangspunkt, um das allererste Kommunikationsmedium »Zunge« auszuleuchten. Im Traktat Arachin 15a–16a des babylonischen Talmud konzentriert sich ihre Diskussion. Erstaunlich – oder auch gerade nicht! – mag sich ausnehmen, wie skeptisch die Vertreter einer ausgesprochenen Diskussions- und Diskurskultur das Werk der Zunge beurteilen. Der »Zungenfertige« – das ist der, der falsch Zeugnis ablegt – wird ohne Wenn und Aber mit der Schlange verglichen. Pikanterweise identifiziert sie selber ihn als ihr »Gleichnis«. So wird von Resch Lakisch erzählt: »Dereinst werden sich alle Tiere versammeln, zur Schlange kommen und zu ihr sprechen: Der Löwe packt zu und frisst, der Wolf zerfleischt und frisst, welchen Nutzen aber hast du?! Sie wird aber erwidern: Welchen Vorteil hat der Zungenfertige?!« Keine Frage ist es für die Rabbinen, dass solches Reden und Gerede eine Tat ist (Jahrhunderte vor John L. Austins *How to do things with words …*) und zwar eine, die auf Tod und Leben geht. So meint Rabbi Chana: »Leben und Tod ist in der Hand der Zunge. Hat denn die Zunge eine Hand?« Doch das ist rhetorisch gefragt. Denn »wie die Hand tötet, ebenso tötet die Zunge«. Und auch was ihre Reichweite angeht, lassen die Rabbinen jede Vertröstung hinter sich: »Man könnte glauben, wie die Hand nur in der Nähe tötet, ebenso tötet auch die Zunge nur in der Nähe, so heißt es: ein mörderischer Pfeil ist ihre Zunge. Man könnte glauben, wie ein Pfeil nur vierzig bis fünfzig Ellen reicht, ebenso die Zunge.« Doch sogleich folgt: »Sie versetzten zum Himmel ihren Mund, und ihre Zunge ergeht sich auf der Erde …« Die kosmischen Sphären erreichen also nicht erst unsere Medien. Und die Mischna, der *nucleus* der talmudischen Diskussionen, hält bündig fest: »Es ergibt sich also, dass das Sprechen mit dem Mund schwerer ist als die Ausübung einer Tat« (Mischna Arachin III,5). Solches »Mund-Werk« gilt entsprechend als die Aufgipfelung des Frevels. »In der Schule Jischmaels wurde gelehrt: Wer Verleumdung redet, steigert die Sünde, so dass sie den drei Übeln entspricht: Götzendienst, Unzucht und Blutvergießen.« Deshalb dauerte der Weg durch die Wüste ganze 40 Jahre! Die Strafe besteht im Aussatz, was zum Ausschluss aus der Gemeinschaft führt und nur zeigt, was Verleumdung bewirkt. Selbst Gott kann keine Gemeinschaft mit Verleumdern haben. So sagte Rabbi Chisda im Namen Mar Ukabas: »Wenn jemand Verleumdung spricht, so spricht der Heilige, gepriesen sei er: Ich und er können nicht zusammen auf der Welt wohnen …«

Dabei könnten die Menschen um diese destruktiven Potenziale des »Mund-Werks« wissen, hat der Ewige doch die Zunge über ihre Lage aufgeklärt: »Alle Glieder des Menschen befinden sich außen, du aber innen; und mehr noch, ich habe dich mit zwei Mauern umgeben, einer aus Knochen, einer aus Fleisch …«

Die Massenmedien erscheinen auf diesem Hintergrund gleichsam als »extrakorporale Zungen«, was die Risiken des »Mund-Werks« gigantisch steigert. Zu fragen ist, worin könnten nun »Fleisch und Knochen« der Massenmedien bestehen, was könnte ihnen »Leibhaftigkeit« und damit auch Verbindlichkeit (im Sinne realitätshaltiger konkreter Wahrheit) verleihen? Oder anders gefragt: Wie werden Handys & Co koscher?

20

21
Wer heilt Menschen von den Folgen ihres Tuns? – Krankheit und Umkehr

Wer krank ist, will gesund werden. Kein Wunder, dass in *dem* Gebet des Judentums, dem → Achtzehn-Bitten-Gebet, die achte Bitte ganz ausdrücklich ein Ruf nach Heilung ist.

> »Heile uns, Adonai, dann sind wir geheilt,
> rette uns, Adonai, dann sind wir gerettet.«

Wie im Hebräischen beliebt, wird parallel formuliert. Mit der Variante im zweiten Satz kommen Ober- und Untertöne von Bedeutungen ins Spiel. Heilen verbindet sich hier mit retten *(hoschienu*/rette uns, vgl. *hoschiana*/rette endlich!) und erinnert daran, dass mit dem Kranksein oft auch soziale Nöte wie Isolation einhergehen.

> »Denn Du bist unser Lobgesang!«

Das Vertrauen auf Gott ist groß. Er ist es, der heilt, und er wird erneut singen lassen. Und doch hebt umgehend die Bitte an, weil die Krankheit keine Ruhe lässt, bis sie geheilt ist:

> »Und bringe uns vollkommene Heilung
> all unseren Leiden,
> denn Gott, König, ein treuer und barmherziger
> Arzt bist Du.«

Manche Ausleger sehen in der Dopplung der Heilungs-Bitte eine Anspielung darauf, dass Kranksein immer Leib und Seele betrifft. Auf eine andere Dopplung macht Maimonides, der große Philosoph und Talmudgelehrte des Mittelalters, aufmerksam. Maimonides, Rabbi Mose ben Maimon, abgekürzt Rambam, ist selber Arzt und sieht im Morgengebet Gott als Arzt und sich selber als seinen Mitarbeiter:

»Stehe mir bei, Allgütiger, in diesem großen Geschäfte, dass es fromme: Denn ohne Deinen Beistand frommt ja den Menschen auch das Kleinste nicht! Lass Liebe zur Heilkunst und zu Deinen Geschöpfen mich beseelen ... Lass im Leidenden stets mich nur den Menschen sehen. Er ist Mensch! ...«

Wie alle andern schließt auch die achte Bitte mit einem Lobpreis:

> »Gesegnet Du, der die Kranken Seines Volkes Israel heilt!«

Schon die erste Zeile (»Heile uns, Adonai , dann sind wir geheilt ...«) bittet nicht um die Heilung eines »Ich« allein, sondern formuliert im Plural. So sehr Krankheit den und die Einzelne betrifft – im Gebet wird die Vereinzelung überwunden.

Der weißrussische Rabbiner Max Kadushin (1895–1980) prägte dafür das Wort vom *»larger self«:* »Das größere Selbst macht es dem Einzelwesen möglich, sich dessen bewusst zu sein: Es gibt noch andere, die krank sind.« Überhaupt gibt es jüdisch kein individualistisch eingeschränktes Gebet. Im Falle einer Krankheit würde diese Vorstellung außerdem die Isolation bestärken. Dabei stellen schon frühe rabbinische Kommentatoren klar, dass Gott als Arzt sich keinesfalls auf Israel beschränkt. »Der Heilige, Er sei gesegnet, ist ein Arzt für alle, die auf die Welt kommen, denn es heißt: *Denn ich, Adonai, bin dein Arzt* (Exodus 15,26) ... und die Schrift sagt: *Heile mich, Adonai, dann bin ich geheilt; rette mich, Adonai, dann bin ich gerettet«* (Jeremia 17,14).

Der Kommentar führt anschließend noch eine weitere Dimension des Heilens vor Augen: » … und sie (die Schrift) sagt: *Kehrt um, ihr abtrünnigen Kinder, ich werde eure Abtrünnigkeit heilen*« (Jeremia 3,22).

Ein breites Spektrum öffnet sich: vom Einzelnen zum Kollektiv, vom Körper zur Seele, von den Menschen zu Gott, von vertrauensvollen Bitten zum »ärztlichen« Appell zur Umkehr. Im Raum der Schrift und des jüdischen Gebets erstaunt das kaum, geht es doch – so der große deutsche Rabbiner und Gründer der Neo-Orthodoxie, Samson Raphael Hirsch (1808–1888), – immer »um den ganzen Menschen«, also auch sein Tun und Lassen.

Und wir – hier und heute – angesichts Corona und erwartbarer ähnlicher Krankheiten? Hat die Pandemie nicht auch viel mit unserem *way of life* zu tun? Greift unsere Zivilisation nicht schon lange nach immer mehr aus: anderen Kontinenten, ihren Schätzen und ihren Menschen; nach Erdreserven, die in Abermillionen von Jahren geworden sind, um sie zu verbrauchen; sind wir nicht seit langem schon immer tiefer und weiter auch in die Lebensräume von Tieren eingedrungen?! Das reduziert ihre Vielfalt, lässt ihre Viren aggressiver werden und provoziert geradezu deren Übersprung auf die menschlichen Eroberer: Ebola, Sars I, HIV und schließlich Covid-19 haben mit hoher Wahrscheinlichkeit diese Geschichte. Es sind auch und nicht zum Geringsten Zivilisationskrankheiten.

Glauben wir wirklich, dass Gott als Arzt heilen kann ohne unser Zutun, ohne unsere Umkehr?

20
משנה ו׳
עשר ספירות בלימה צפייתן כמראה
הבזק ותכליתן אין להן קץ דברו בהן
ברצוא ושוב ולמאמרו כסופה ירדפו ולפני
או הם משתחוים:

22
Messias-Skepsis und -sehnsucht

»Mag er kommen, ich will ihn aber nicht sehen«, gibt der Rabbine (→ Rabbi) Ula im Lehrhaus zu Protokoll. Und er meint den Messias. Raba pflichtet ihm bei: »Mag er kommen, ich aber will ihn nicht sehen.« Solch schroffe Ablehnung des Messias kann irritieren. Doch sie hat gewichtige Gründe:

– Als um die Zeitenwende ein Messias namens Juda in Galiläa fordert, Gott allein nur »Herr« (Adonai) zu nennen und niemanden sonst – vor allem nicht den römischen Kaiser –, wurde er sogleich grausam umgebracht.

– Theudas, eine Art prophetischer Messias und Zeitgenosse Jesu, schickte sich Mitte der 40er-Jahre des ersten Jahrhunderts an, seine Anhänger wie einst Mose das Volk Israel in die Freiheit zu führen – jetzt quer durch den Jordan. Die Römer verstanden das als Revolte und machten kurzen Prozess mit ihm. Er und 400 Anhänger wurden hingerichtet.

– Wie es dem Messias Jeschua aus Nazareth erging, ist bekannt.

- Schimon ben Kosiba hieß der Anführer im zweiten römisch-jüdischen Krieg 132–135. *Die* Autorität der Zeit, Rabbi Akiwa, deklarierte ihn als Schimon bar Kochba, das heißt »Sternensohn« und spielte auf Numeri 24,17 an: *Ein Stern geht in Jakob auf, ein Zepter in Israel.* Das konnte nur messianisch verstanden werden. Dieser Stern ging allerdings über einer Katastrophe auf. Der Krieg wurde verloren, das Land verwüstet, Juden durften Jerusalem nicht mehr betreten. Seitdem gab es keine jüdische Staatlichkeit mehr im Land Israel bis zur Neugründung des Staates Israel 1948.

Die Liste der Messiasanwärter sei hier nicht fortgeführt. Doch sie brachten das Judentum immer in Bedrängnis, wenn nicht an den Abgrund seiner Existenz. Kein Wunder also, wenn die große Mehrheit des rabbinischen Judentums und des Judentums bis heute messiasskeptisch ist.

Und doch: Ula und Raba wird im Traktat Sanhedrin 98b des baylonischen Talmud umgehend widersprochen. Denn Rabbi Josef sagte: »Möge er doch kommen, und mir sei es beschieden, im Schatten des Mistes seines Esels zu sitzen.« Das ist pointiert, ja provokativ demütig, allen Erfahrungen zum Trotz ein Statement messianischer Hoffnung. Und aller Skepsis zum Trotz wird in diesem Traktat über fünf große Foliantenseiten (Sanhedrin 97a bis 99a) hin – das sind in heutigen Druckausgaben ca. 14 Seiten – debattiert über den Messias, sein Kommen, die Umstände und Bedingungen seines Kommens, die Verhältnisse vor und nach seiner Ankunft, das Wie und Was der mit ihm anbrechenden Zeit.

Warum überhaupt auf ihn warten?! Wird seinem Kommen nicht, nach biblischen Andeutungen, eine Zeit vorausgehen, die »das Gesicht eines Hundes« (Sanhedrin 97a) hat, also dreist und unverschämt sein wird? (Hunde haben – zum Leidwesen vieler Zeitgenossen heute – biblisch keinen guten Ruf: herumstreunend und auch Aas fressend, waren sie geradezu chronisch unrein …) Wird nicht die Gelehrsamkeit in den Lehrhäusern darniederliegen und Krieg sein? Doch wenn Kriege ein Indiz für sein Kommen sein sollten, wieso war er noch nicht längst da, gab es doch schon genug Kriege (Sanhedrin 97a)! Werden die Verhältnisse zwischen den Generationen vor seinem Kommen zerrüttet sein, so dass »die Jungen das Gesicht der Greise beschämen«, dass »eine Tochter gegen ihre Mutter auftreten« wird? Und werden die Preise nicht irrational steigen, Löhne verweigert werden (Sanhedrin 98a) und die Regierungen »ganz der Ketzerei verfallen sein« (Sanhedrin 97a)? Ja, wird der Sohn Davids etwa erst dann kommen, wenn »die Angeber überhand genommen haben werden«, und wenn die, die auf ihn hoffen, »an der Erlösung verzweifelt sein werden«? Mit dieser Frage ist ein Schmerzpunkt berührt. Die Sehne der Erwartung droht zu reißen. Deshalb folgt, ganz ähnlich wie in 2 Petrus 3,3ff die pastorale Tröstung der so strapazierten (und frustrierten) Hoffnung: »Vielleicht denkst du: Wir harren wohl, er (Gott) aber nicht. Doch es heißt: *Daher harrt Adonai euch zu begnadigen, und er wird sich erheben, sich eurer zu erbarmen* (Jesaja 30,15). Wenn nun wir harren und er ebenfalls harrt, wer hält es (das Kommen des Messias) dann zurück?« Und die Antwort lautet, »Die Eigenschaft der Gerechtigkeit hält es zurück. Weshalb harren wir nun, wenn es die Eigenschaft der Gerechtigkeit zurückhält? Um er Belohnung willen (die Gott euch gibt wegen des Aushaltens) … Denn es heißt: *Heil allen, die harren«* (Jesaja 30,18). Breit wird debattiert, was am Kommen des Messias Gottes Werk und was der Menschen Zutun daran ist. Etwa Buße tun? »Rabbi Elieser sagte: Wenn die Israeliten Buße tun, so werden sie erlöst, denn es heißt: *Kehret um, ihr abtrünnigen Söhne, ich will eure Abtrünnigkeit heilen«*, Jeremia 3,22 zitierend. Dem aber wird umgehend widersprochen, wenn Rabbi Jehoschua ein Wort des Jesaja (52,5) einwirft: *»Umsonst wurdet ihr verkauft, und ohne Geld sollt ihr erlöst werden* … ohne Buße und gute Handlungen lässt sich die Zeit seiner Ankunft beschleunigen« (Sanhedrin 97b). Muss nicht jede Herrschaft über Israel beendet sein, bevor der Messias kommt? Oder wird die Abwesenheit »der Knechtschaft der Regierungen« erst seine Zeit auszeichnen? Doch wird das der einzige Unterschied zur nicht-messianischen Zeit sein, wie Schmuel (Sanhedrin 99a) meint, oder wird das Heil viel umfassender sein, so dass man an das → Jobeljahr (Sanhedrin 97b) oder den Garten Eden denken muss, ja dass gilt: *Es hat außer dir, o Gott, kein Auge geschaut«* (Sanhedrin 99a)?

Oder war der Messias sogar schon da? In der Person des Königs Hiskija etwa? Oder ist er gegenwärtig da – aber unerkannt? Doch wo sollte er dann sein? Gewiss nicht ohne Spitze gegen ein Christentum, das das Erbe des römischen Imperium übernommen hat, wird diese Frage so beantwortet: »Am Tore vor Rom. – Woran erkennt man ihn? – Er sitzt zwischen den mit Krankheiten behafteten Armen; alle übrigen binden ihre Wunden mit einem Male alle auf und verbinden sie wieder alle. Er aber bindet sie einzeln auf und verbindet sie (auch wieder einzeln), denn er denkt: Vielleicht werde ich verlangt, dann soll keine Verzögerung entstehen.«

So gespannt sind die Sehnen derer kaum, die doch »Messianer« und »Messianerinnen« genannt werden könnten: die Christen und Christinnen, für die der Titel des Christus/Maschiach tief im »Eigennamen« Jesus Christus eingeschlafen zu sein scheint. Damit aber ist auch der Sinn fürs Messianische stumpf geworden; die Sehnsucht danach wie betäubt.

Die Lektüre der talmudischen Messiasdebatten könnte Christen zu einem Exerzitium werden, neu messianisch fragen zu lernen. Das verlangt allerdings eine gewisse Demut und einen entwickelten Sinn dafür, dass es mit dem Messianischen auch sehr dialektisch zugehen kann: eben bei den messiasskeptischen Rabbinen den eigenen messianischen Geist anzuschärfen …

30
ל
משנה ג'ו
שלש אמות אמש בעולם אויר מים
אש שמים נבראו תחלה מאש וארץ
נבראת ממים והאויר מכריע בין האש
ובין המים.

23 Mischpat und Zedaka – von Verbundenheit und Verbindlichkeit, zumal gegenüber den Armen

»Über David sagt die Schrift: *David tat mischpat/Recht und zedaka/Gerechtigkeit* (2 Samuel 8,15). Ist es nicht so, dass überall, wo mischpat ist, keine zedaka und überall, wo zedaka, kein mischpat ist? Wo sind denn mischpat und zedaka zusammen? Er (David) saß zu Gericht; er sprach den Unschuldigen frei und verurteilte den Schuldigen. Und wenn er sah, dass ein Armer zur Zahlung von Geld verurteilt wurde (zum Beispiel bei einer Schadensvergütung), so bezahlte er es (für ihn) aus eigener Tasche. Das ist mischpat *und* zedaka: mischpat gegenüber dem einen und zedaka gegenüber dem anderen. Mischpat dem einen gegenüber, weil er ihm das Geld (das der andere ihm schuldig war) wieder besorgte, und zedaka dem anderen gegenüber, weil er das Geld, das jener schuldig war, aus eigener Tasche für ihn bezahlte« (Babylonischer Talmud, Sanhedrin 6b).

Beziehen wir das auf die Forderung, den ärmsten Ländern ihre Schulden zu erlassen. Ein Schuldenerlass dürfte bei nicht wenigen mit Blick auf das nackte Elend so vieler Menschen in diesen Ländern provoziert sein. Es gibt eine Not, die zum Himmel schreit. Gesichter, die so vom Elend gezeichnet sind, dass sie es verbieten, zuerst nach den Ursachen und näheren Umständen der Misere zu fragen. Sie gebieten vielmehr, wie es der jüdische Religionsphilosoph Emmanuel Lévinas darlegt, den Tod nicht zuzulassen. Die Forderung nach Schuldenerlass dürfte zudem der Empörung über eine Weltwirtschaftsordnung entspringen, die so gar nicht »in Ordnung« ist.

Deren Geflecht von Verträgen ist einfach unerträglich für die Armen unter den Beteiligten. Längst sind die darin wie in einer Falle verfangen. Das hier zur Geltung kommende Recht scheint so gar nicht »richtig«, nicht gerecht zu sein.

Biblisch und rabbinisch werden Konflikte wie diese unter den Vokabeln von *mischpat* und *zedaka* verhandelt. *Mischpat* meint das Recht, das klar und für alle verbindlich formuliert ist: Es ist die Voraussetzung dafür, Entscheidungen zu treffen und so dem Einzelnen zu seinem Recht zu verhelfen. *Mischpatim* sind demnach konkrete Rechtsentscheide, die ohne Ansehen der Person (vgl. 2 Chronik 19,7) zu treffen sind. Solch präzis gefasstes Recht nimmt nicht ohne Weiteres für sich ein. Ihm haftet das Odium des Harten, des Unerbittlichen an. Und doch: Es ist notwendig, um gegen die Versuchungen des Menschlich-Allzumenschlichen ein Bollwerk zu errichten. Denn wie schnell gerät eine sympathisch anmutende Haltung, die auch eine Fünf eben mal eine gerade Zahl sein lässt, zu dem, was hier Klüngel, dort Spezi- oder Amigo-Wirtschaft heißt und dann doch nichts als Filz und Korruption bedeutet. *Mischpat* schlägt in diesem Dschungel Schneisen, auf denen verlässlich zu gehen ist.

Gerade wegen seiner Striktheit kann sich dieses Recht jedoch im Einzelfall rigoros, im Extremfall sogar lebensbedrohlich auswirken. Ganze Gesellschaften sind angesichts der durchaus auf Recht basierenden Schuldenforderungen der Geberländer an den Rand ihrer Existenz geraten. Trotz großer Anstrengungen stehen sie chancenlos da im Bemühen um ein Leben in Würde. Deshalb ist »in das göttliche Recht seine Barmherzigkeit, sein Erbarmen hineingewoben«, schreibt Abraham Joshua Heschel, ein Gelehrter, der vom osteuropäischen Chassidismus und biblischen Prophetismus geprägt war. *Zedaka*, im Deutschen nur sehr vorbehaltlich mit Gerechtigkeit wiederzugeben, will dem anderen nicht nur geben, was ihm von Rechts wegen zusteht; es zielt auf ein »Plus«. Es schließt Wohlwollen, Güte und Großzügigkeit ein. Dass solche Wohltätigkeit nicht ins Belieben gestellt, sondern ein Gebot der »Gerechtigkeit« ist, zeigt sich daran, dass die Almosenbüchsen der Synagogen die Aufschrift *zedaka* tragen. In der *zedaka* lebt eine compassion mit den Bedürftigen. Sie ist das Gewissen des *mischpat*, die Sorge darum, dass das Recht richtig bleibt, dass es, wo es ohne Ansehen der Person entscheidet, doch nicht den Sinn für die Antlitze derer vergisst, über die entschieden wird.

Zedaka und *mischpat* sind nicht deckungsgleich, doch stehen sie auch nicht in Opposition zueinander.

Lässt der Debattenausschnitt aus dem Talmudtraktat Sanhedrin 6b die im christlichen Bewusstsein so tief eingefurchten Gegensätze von einem Gott der Gerechtigkeit, wie er dem Alten Testament zugeordnet wird, und einem erbarmungsvollen Gott des Neuen Testaments nicht souverän hinter sich – ja, schlicht als falsch und böses Stereotyp erkennen?

סליק פרקא תניינא
פרק ג׳ משנה א׳ו
שלש אמות אמש יסודן כף חובה וכף
זכות ולשון חק מכריע בנתיים:
30
ל

24
»... unter die Flügel der Schechina zu bringen ...« – Mission

»Mission« ruft, zumal in reformkirchlichen Kreisen, oft Unbehagen hervor. Zu bedrückend nimmt sich der historische Befund aus: Dass, wo Mission geschah, dies im Gefolge der Kolonialsierung geschah, allzu oft mit Gewalt operiert wurde und fremde Kulturen verneint wurden. Statt erlöst wurden die Adressaten der Mission entwurzelt und in ihrer Identität geschwächt. Und aktuell mutet manches kirchliche Insistieren auf dem Neu-Missionieren des alten zunehmend säkularisierten Europa oft genug kurzschlüssig und wenig reflektiert an … wie eine kopflose Flucht nach vorn.

Aus solcher Zerknirschung heraus, die zugleich doch um den neutestamentlichen Missionsauftrag (vgl. Markus 16,15) weiß und gleich ein doppelt schlechtes Gewissen wecken kann, erscheint eine jüdische Position »zur Sache« nur noch beneidenswert: Ganz stimmig mit der eigenen Berufung kann das Judentum ohne Bedenken auf jede Mission verzichten. Denn schon früh war für die Rabbinen klar: Alle Gerechten aus den Völkern erhalten Anteil an *olam haba,* der kommenden Welt, will heißen: werden gerettet! Auch ohne Konversion ins Judentum. So steht es in der *Tosefta,* einer Sammlung von Meinungen und Argumenten, die zwar nicht in die Mischna aufgenommen, aber sehr wohl bewahrt wurden und im Diskussionsstrom des Lehrhauses blieben (vgl. Traktat Sanhedrin 13,2). Gerade das Reformjudentum des 19. Jahrhunderts machte diese Position stark, erlaubte sie es ihm doch, sich ganz zwanglos das aufklärerische Postulat religiöser Toleranz zu eigen zu machen.

Allein, ganz so einfach sind die jüdischen Verhältnisse dann auch nicht.

Seit dem babylonischen Exil lernte Israel nicht nur schmerzlich, dass es seinen Gott auch außerhalb des gelobten Landes anrufen kann. Exil und Diaspora wurden zunehmend als Chance erkannt, die Kunde von diesem Gott unter allen Völkern zu verbreiten. So vergleicht ein Midrasch das Israel der Diaspora mit einer Parfümflasche, die umgefallen ist und so ihren Duft ausströmt. Ja, Exil und Diaspora scheinen gerade darin ihren Sinn zu finden. »Rabbi Eleasar (3. Jahrhundert) hat gesagt: Der Heilige, gepriesen sei Er, hat Israel nur deshalb unter die Völker verbannt, damit → Proselyten zu ihnen hinzugefügt würden« (babylonischer Talmud, Traktat Pesachim 87b). Schließlich hat Israel eine universal bedeutsame Botschaft, ein Prophetenamt, das sich auf die ganze Völkerwelt bezieht (vgl. etwa Jesaja, 42,6–8 u. ö.). Zur Zeit Jesu gab es eine engagierte jüdische Mission, die auch quer durch alle sozialen Schichten sehr erfolgreich war. In Matthäusevangelium (23,15) hört man noch ein Echo darauf. Große angesehene Rabbinen wie etwa Rabbi Akiwa stammten selber von → Proselyten ab. Wohl deshalb auch werden diese von der großen Mehrheit der Rabbinen freundlich begrüßt: »Einem Heiden, der zum Judentum übertreten will, reicht man die Hand, um ihn unter die Fittiche der → *Schechina* zu bringen« (so in Leviticus Rabba 11,1f). Erst unter dem Druck der Kirche, die im 4. Jahrhundert zur Staatskirche wurde, kam die jüdische Mission, jedenfalls in ihrer öffentlich aktiven Form, zum Erliegen. Konversionen gab und gibt es gleichwohl bis heute.

Es gab allerdings auch schlechte Erfahrungen mit → Proselyten, zumal in Zeiten politischer Repression. Manche verließen die Fittiche der → *Schechina,* wenn sie nicht sogar Verrat übten (vgl. Awoda Sara 3b). Auf diesem Hintergrund ist das bittere Wort einer Minderheit im Talmud zu hören: »Proselyten sind für Israel so unangenehm wie ein Ausschlag« (Traktat Jewamot 47b). Doch ist das nur ein »Zwischenton« in einem Abschnitt, der den konkreten Vollzug der Konversion diskutiert, einer Konversion, die grundsätzlich gewünscht ist. Zum Schutz der Gemeinschaft, aber ebenso zum Schutz der Konversionswilligen setzt zumal das orthodoxe Judentum die Schwelle dafür aber sehr hoch. Man wird nicht einfach so Jude; schließlich verspricht Judesein im Allgemeinen nicht gerade ein einfaches Leben … (vgl. Traktat Jewamot 47b, wo das »Mitgehen« Ruts mit Naomi (Rut 1,16–18) das Modell der Konversion abgibt).

40

25
Wie Er – so du … wie ihr – so Er … Nachfolge

Wer einem nachfolgt, geht denselben Weg, wohin auch immer. Er geht auf dasselbe Ziel zu und macht ganz ähnliche Erfahrungen wie sein Vor-Gänger.

Können die Menschen auch Gott so »nachfolgen«? Immerhin wird dazu in Deuteronomium 13,5 aufgefordert: *JHWH, eurem Gott, sollt ihr nachfolgen …!* Doch geht das? Ist die so konkrete Vorstellung des Nachfolgens mit dem Geheimnis, das Gott doch ist, »verträglich«?

Auch die Rabbinen kennen die Probleme, die entstehen, wenn vom Geheimnis Gott menschlich und allzu menschlich gesprochen wird. Sofort wird im Traktat Sota 14a des babylonischen Talmud skeptisch eingewendet: »Heißt es denn nicht: Der Ewige, dein Gott, ist ein verzehrendes Feuer«, eines, in dem unsere Vorstellungen und Worte über Gott verbrennen? Sich diesem Geheimnis »einfach nur so«, gleichsam »kumpelhaft« zu nähern, führt zu Verbrennungen, wie es Fliegen geschieht, wenn sie in der Sommernacht den Glühbirnen zu nahekommen. Im Mittelalter haben sowohl jüdische Gelehrte wie Maimonides als auch die christliche Theologie solche Einsichten zu einer negativen Theologie »ausgebaut«: zur Lehre, dass von Gott doch immer nur durch Sätze gesprochen werden kann, die aussagen, was alles Er, Sie, Es … denn nicht ist.

Doch wird das Sprechen von Gott dadurch nicht sehr abstrakt? Läuft solcherart durchaus fromme Skepsis nicht auf eine (nur) gescheite Unverbindlichkeit hinaus? Auch diese

Gefahr sehen die Rabbinen und wehren sie energisch ab: »Nein«, stellt Rabbi Chana ben Chanina umgehend klar, das Nachfolgen »bedeutet, dass du den Handlungen des Heiligen, gepriesen sei er, folgest«. Und diese Deutung belegt er durch die Heilige Schrift: »Wie er die Nackten kleidet, es heißt ja: *Und Gott, der Ewige, machte für den Menschen und seine Frau Kleider aus Fell* (Genesis 3,21), so kleide auch du die Nackten. Wie er die Kranken besucht, es heißt ja: *Der Ewige erschien ihm im Hain von Mamre* (Genesis 18,1), so besuche auch du die Kranken. Wie er die Trauernden tröstet, es heißt ja: *Und es geschah nach dem Tod Abrahams, da segnete Gott Jizchaq* (Genesis 25,11), so tröste auch du die Trauernden. So wie er die Toten begräbt, es heißt ja: *Er begrub ihn (Mose) in jenem Tal* (Deuteronomium 34,6), so begrabe auch du die Toten.«

Israel soll und kann seinem Gott nachfolgen. Doch folgt auch Gott Israel nach, geht er seine Wege und teilt seine Erfahrungen? Bezeichnenderweise wird davon in einem rabbinischen Midrasch zum Buch der Klagelieder, in Echa rabbati, gehandelt. Der aus dem Elend geborenen (bedingten) Selbstverfluchung im babylonischen Exil: *Wenn ich dich vergesse, Jerusalem, verdorre mir die rechte Hand!* (Psalm 137,59), wird die Aufforderung zur Seite gestellt: *Hab acht auf den Weg, den du gehst!*« (Jeremia 31,21). Sogleich korrigiert Rabbi Chija: Genau besehen heiße es: *»Halachti, den Weg, den ich gehe.«* Und damit sei dann Gott gemeint, der acht hat auf den Weg, den *er* geht. Auch für diese Lesart wird ein Schriftbeleg angeführt, heißt es bei Jeremia 49,38 doch für die »Stunde, in der die Israeliten nach Babel auswanderten: … *Und ich richte meinen Thron auf in Elam.* Sie wanderten nach Griechenland aus und die → *Schechina* mit ihnen, heißt es doch Sacharja 9,13: *Ich erwecke deine Kinder gegen deine Kinder, Griechenland,* und darauf folgt, Vers 14: *Und der Ewige wird über ihnen erscheinen* usw. Darum heißt es also, der Weg, den ich zog.«

Demnach folgt Israel, wohin es auch zu gehen hat, sein Gott nach, um dort seine Nachbarin – auch so ist *Schechina* übersetzbar – zu sein: in der Fremde, dem Exil und der Erniedrigung zumal. Und deshalb die Aufforderung: Folge ihm nach … zu Kranken, Nackten, Trauernden.

Damit die *Schechina* auch deren »Nachbarin« werde. Ist das womöglich das Geheimnis der Nachfolge, dass immer zwei unterwegs sind?

משנה ג׳:
עשר ספירות בלימה מספר עשר
אצבעות חמש כנגד חמש וברית יחיד
מכוונת באמצע במלת לשון ובמלת
המעור;
40

26
Ein Hauch von Offenbarung – Gotteswort und Menschenworte und -taten

Anscheinend ist rabbinischer Tradition, die doch jeden Buchstaben (!) der Tora als geoffenbart ansieht, zugleich der menschliche Anteil daran sehr bewusst. So wurde gefragt: Was war nun eigentlich so ganz direkt von Gott? Am Ende etwa, so spekuliert die → Kabbala, nur der erste Satz der Zehn-Worte, des Dekalogs: *(Anochi JHWH) Ich bin Adonai, dein Gott, der dich aus dem Ägyptenland, dem Sklavenhaus, herausgeführt hat* (Exodus 20,2; Deuteronomium 5,6)? Oder gar nur das Ich dieses Satzes, das *Anochi?!* Nein, selbst das genügt diesem mystischen Denken noch nicht. Die Antwort lautet: Nur der erste Buchstabe von *Anochi,* das Alef א , ist offenbart! Und das ist im Hebräischen ein stimmloser Laut, der »Laut« *vor* dem »a«! Also: Was reines Gotteswort ist, ist nur ein Hauch von Stimme, nur einen Atemzug von purer Stummheit entfernt!

Diese radikale Sicht verbindet sich allerdings jüdisch mit einer *ganz* anderen, die in ihrer Art ebenso radikal gedacht wird. Im Talmudtraktat Menachot 29b heißt es: »Rabbi Jehuda sagte im Namen Raws: Als Mose in den Himmel kam, traf er den Heiligen, gepriesen sei er, dasitzen und lauter Ornamente, Schnörkel und Häkchen (das sind diverse Akzente zu Aussprache und Verständnis) an den Buchstaben der Tora anbringen. Da sprach er zu Ihm: Meister der Welt, was lässt Dich so vorsichtig sein? Er erwiderte: Es ist ein Mann, der nach vielen Generationen sein wird, namens Akiwa ben Josef, der wird einst über jedes Häkchen eine Unmenge von Lehren und Interpretationen herauslesen. Da sprach er zu Ihm: Meister der Welt, zeige ihn mir. Er erwiderte: Wende dich um. Da wandte er sich um und setzte sich hinter die achte Reihe (im Lehrhaus des Rabbi Akiwa); er verstand aber ihre Diskussion nicht und war darüber bestürzt. Als jener (Akiwa) zu einer Sache gelangte, worüber seine Schüler ihn fragten, woher er das wisse, erwiderte er ihnen, das sei eine von Mose am Sinai überlieferte Lehre. Da wurde er (Mose) beruhigt.«

Die Geschichte ist voller Fragen: Interpretiert und verändert Gott sein Wort der Tora etwa? Wie kann Rabbi Akiwa seine Deutung auf Mose zurückführen, wenn dieser sie selber nicht mehr versteht? Geraten Gottes- und Menschenwort hier nicht heillos durcheinander? Doch die Geschichte geht noch weiter. »Hierauf kehrte er (Mose) um, trat vor den Heiligen, gepriesen sei er, und sprach zu ihm. Meister der Welt, du hast einen solchen Mann und verleihst die Tora durch mich! Er erwiderte: Schweig, so ist es mir in den Sinn gekommen. Hierauf sprach er zu Ihm: Meister der Welt, du hast mir seine Torakundigkeit gezeigt, zeige mir auch seinen Lohn. Er sprach: Wende dich um. Da wandte er sich um und sah sein (R. Akiwas) Fleisch auf der Fleischbank wiegen. Da sprach er zu Ihm: Meister der Welt, das ist Tora und dies ihr Lohn!? Er erwiderte: Schweig, so ist es mir in den Sinn gekommen.«

Wenn Akiwa sagt, seine Interpretation gehe auf Mose zurück, ist damit die mündliche Tradition gemeint, in der auch seine, Rabbi Akiwas, Deutungen stehen. Und diese Tradition geht – so die theologische Auffassung der Rabbinen – auf Mose zurück, der sie auf dem Sinai erhalten hat. Es ist die mündliche Tora, die eben (zunächst) nicht wie die Tora im Sinne der fünf Bücher Mose (oder des gesamten → *Tanach* im weiteren Sinn des Wortes Tora) aufgeschrieben wurde. Neben der schriftlichen steht also die mündliche Tora; erstere bedarf der mündlichen, um selber wieder hörbar und »verlautet« zu werden. Die mündliche Tora, wie Mose sie im Lehrhaus des

Rabbi Akiwa hörte, ist der Resonanzkörper der schriftlichen Tora. Zu beider engen Verbindung notiert Lévinas: »Ein Text, der auf eine Tradition aufgespannt ist wie Saiten auf dem Holz einer Violine!«[11]

Die »Alef-These« des hauchhaften Anfangs schützt davor, sowohl die schriftliche als auch die mündliche Tora zum Instrument nur der Durchsetzung eigener Auffassungen zu machen. Denn alles außer dem Hauch des ersten Buchstabens des ersten Worts des Dekalogs ist demnach Menschenwort und will als solches von den Sprechern verantwortet werden. Und wie dieses vom Hauch des Göttlichen durchzogen ist, bleibt im Lehrhaus immer wieder aufs Neue zu diskutieren und zu begründen …

Zudem: Dieses Hören, Deuten und Diskutieren ist dabei kein unverfängliches Unterfangen; es will auch praktisch verbürgt sein. Da die schriftliche wie mündliche Tora das Leben angeht, geht's dabei – wenn auch nicht per se so brutal wie im Fall des Rabbi Akiwa – »ans eigene Fleisch« … Die Lektion des Lehrhauses ist jedenfalls klar: kein Gotteswort unterhalb lebensverbindlicher Menschenworte. Menschliche Hörer und Sprecher dieses göttlichen Wortes sind auch seine »Täter«, die für seine Wahrheit sogar leibhaftig einstehen.

Rabbi Akiwa (ca. 50 – ca. 135 n. Chr.), gilt als größter Gelehrter seiner Epoche. Er unterstützte Bar Kochba in seinem Kampf gegen die Römer und gehörte zu den Märtyrern des zweiten römisch-jüdischen Kriegs in Cäsarea. Rabbi Akiwa war bekannt für seine subtilen, selbst auf »Häkchen«, also kleinste Vokalzeichen, bedachten Auslegungen; eine Methode, die Pilpul genannt wird.

Emmanuel Lévinas, Außer sich. Meditationen über Religion und Philosophie, München-Wien 1991

וחותמו ביוה שבע חתם מזרח פנה לפניו
וחתמו בהיו שמנה חתם מערב פנה
לאחריו וחתמו בהוי תשע חתם דרום
ופנה לימינו וחתמו בויה עשר חתם צפון
ופנה לשמאלו וחתמו בוהי:
50

27
Warum Akazienbäume? – Ökologie

Dann sollst du die Bretter für die Wohnung machen, aufrecht stehende, aus Akazienholz, spricht Gott zu Mose, als es um die Herstellung des Bundeszeltes geht (Exodus 26,15). Der Midrasch fragt: »Warum aus Akazienholz?« Und er erläutert: »Der Heilige, gepriesen sei er, wollte damit eine Verhaltensregel für alle Generationen geben: Wenn ein Mensch ein Haus aus Fruchtbäumen bauen will, spricht man zu ihm: Wenn der König aller Könige, dem doch alles gehört, als er befahl, die Wohnung (Seine Wohnung, den Tempel) zu machen, gebot: Du sollst nur Bäume nehmen, die keine Früchte tragen, um wie viel weniger dürft ihr so tun (beim »einfachen« Hausbau)!« (Midrasch Exodus Rabba XXXV zu 26,15). Und in einem anderen Zusammenhang heißt es: »Wenn du eine Stadt längere Zeit belagerst …, dann sollst du ihrem Baumbestand keinen Schaden zufügen, indem du die Axt daran legst. Du darfst von den Bäumen essen, sie aber nicht fällen« (Deuteronomium 20,19).

Die Rabbinen haben solche Aussagen zum Grundprinzip verallgemeinert: *Bal taschchit!,* das heißt: *Verdirb es nicht!* Damit ist jede mutwillige Zerstörung und jede Politik der verbrannten Erde verworfen. Doch wie sollen wir diese Mahnung verstehen? Haben wir es vielleicht mit einem Nützlichkeitsdenken zu tun? Mit einer Regel der ökologischen Vernunft? Aber soll es »nur« oder primär um Ökonomie oder Ökologie gehen, wo das Bundeszelt – der Ort der Gottesbegegnung – gebaut wird?!

Bevor wir die rabbinischen Traditionen in aktuellem Interesse überstrapazieren, müssen wir uns bewusst machen, dass unsere heutigen ökologischen Fragen in ihrer bedrängenden Schärfe neu sind. Erstmals in der Geschichte der Menschheit befinden sich die heute lebenden Generationen auf einer Trift, die gesamte Biosphäre zu zerstören. Es wäre anachronistisch, von den Rabbinen Rezepte für diese Situation zu erwarten. Gewiss, rabbinisches Denken hat einen ausgeprägten Sinn für die Verästelungen des Alltags und seine Notwendigkeiten. Und das schließt auch Ökologisches ein, wie es alle vormodernen Gesellschaften auf agrarischer Grundlage kannten. Es fehlt deshalb nicht an präzisen Überlegungen und Bestimmungen zur Vermeidung von Geruchs- und Lärmbelästigung, Luftverschmutzung und Erhaltung der Bioqualität des Bodens, also vielem, was zu einer ökologischen Lebensform gehört. Zugleich gibt es auch ein Bewusstsein dafür, dass selbst das Ganze der Erde auf dem Spiel stehen kann: »Der Heilige, gepriesen sei er, traf mit dem Schöpfungswerk eine Vereinbarung und sprach zu ihm: »… nehmen die Kinder Israel die Tora an, so werdet ihr bestehen, wenn aber nicht, so lasse Ich euch wieder zu Irrsal und Wirrsal *(tohuwabohu* Genesis 1,2) zurückkehren« (Talmud, Traktat Schabbat 88a). Bemerkenswert an diesem Satz ist, dass der Erhalt der Erde von Israels Torapraxis abhängig gemacht wird. Die Tora lehrt schließlich, diese Welt als Schöpfung zu verstehen. Von Gott ins Leben gerufen, ist sie nicht vorbehaltlos den Menschen übergeben. Sie ist kein unerschöpfliches Materialreservoir, das hemmungsloser Ausbeutung harrt. Der Umgang mit ihr will verantwortet werden. »Selbst die Dinge, die man in der Welt für überflüssig hält, wie Fliegen, Flöhe, Mücken gehören zum Weltganzen; durch alles richtet Gott seine Sendung aus«, weiß der Midrasch (Bereschit Rabba X, 2,1). Die Anerkennung auch solcher Tiere, die aus heutiger Sicht evolutionär dem Menschen sehr fern sind, belegt, wie grundsätzlich und konsequent das Ethos eines mitkreatürlichen Umgangs mit den

Tieren verstanden wurde. Schutzbestimmungen für Arbeitstiere wie Wildtiere zielen deshalb nicht nur auf den Erhalt ihrer Nützlichkeit ab, sondern enthalten ein Plus: Es sind Kreaturen im Gefüge einer Schöpfung, die dem mit Macht und Gestaltungsfreiheit ausgestatteten Menschen anvertraut sind.

Mit dem Sabbatgebot hat Israel eine Kultur der Unterscheidung empfangen. Der Sabbat könnte ein unterbrechungs- und besinnungsloses »Beackern« von Mutter Erde ebenso hemmen wie eine haltlose Umtriebigkeit im Arbeiten und Geschäftemachen. Das Sabbatjahr dehnt diese Unterbrechungen auf den Boden aus. Für eine Kultur des Unterscheidens stehen auch die Speisegebote, die → *Kaschrut*. Sie werden heute von manchen in Richtung einer Achtsamkeit für das, was wir essen, für den Zustand, in dem es sich befindet, und für die Vielfalt der Arten und ihren Erhalt ausgelegt. Eine solche Welt- und Umwelt-Achtsamkeit ist auch und gerade dann nötig, wenn sich die Menschen ihrem Gott zuwenden.

… Deshalb ist es auch nicht gleichgültig, welches Holz zum Bau des Zelts der Begegnung verwendet wird. Schon die richtige Auswahl ist ein erster Akt der Zuwendung.

50

28
Den Blick nach Osten richten

Der Blick der heutigen EU-Bürger:innen gen Osten ist wohl alles andere als verklärt. Eher wird skeptisch oder auch strategisch taxiert, was wirtschafts- und geopolitisch möglich und wünschenswert, was kriegs- und friedenspolitisch notwendig ist.

Lenken wir unseren Blick aufs Judentum »gen Osten«, dürfte eine Serie von Schtetl-Klischees auftauchen: ein Milchmann Tevje vielleicht und der Fiedler auf dem Dach, Chagall-Welten, gewiss von Klezmertönen begleitet, oft romantisch und melancholisch, das Gemüt ansprechend. Oder chassidische Parabeln fallen ein. Oft genug sind das kurze Stücke voll Witz, Charme und Sentiment. Meist ohne Kontext angeführt, stellen sie für christliche Prediger, Katecheten und Lehrer eine nahezu unwiderstehliche Versuchung dar, das »Eigene« mit einem »Schuss Jüdischem« abzurunden und mit einem Glanzlicht zu versehen.

Wie diesen Kokon schlichter, vielleicht gut gemeinter Exotik durchdringen, der doch wenig anderes als eine Sammlung von Stereotypen ist?

In ruhigen Stunden mag die Ahnung auftauchen, dass dieser Verklärung von Schtetl-Idyllen geschichtliche Verhältnisse entgegenstehen, die gar nicht schön und erst recht nicht harmlos waren. Das Leben in diesen Kleinstädten war für die meisten ärmlich; von aufklärerischen Dynamiken war es weithin abgeschottet und geriet unter der unaufhaltsamen Industrialisierung wie den damit einhergehenden Bewegungen von

Sozialismus und Zionismus umso mehr unter starke Spannungen. Irritierend – und auch vielsagend – ist, dass Klischees vom mittel-osteuropäischen Schtetl *unser* Bild vom Judentum stärker zu prägen scheinen als Impressionen des *hiesigen* Judentums! …

Gewiss, so bedeutsam das Judentum in Deutschland zumal in der Moderne ist, seit der frühen Neuzeit hat es sein größtes Diaspora-Zentrum in Osteuropa gebildet, und das blieb so bis ins 20. Jahrhundert. Über die Hälfte aller Juden weltweit lebte bis zur → Schoa dort. Die Menschen kamen seit dem Beginn der Neuzeit aus West- und Mitteleuropa als Vertriebene. Ähnlich wie deutsche Ostsiedler bildeten sie eigenständige Gemeinwesen mit zeitweise weitreichender Selbstverwaltung. Aus ihrem Deutsch-Jüdisch, das sie pflegten, entwickelte sich unter Aufnahme slawischer Vokabeln und Redewendungen das Jiddische: eine jüdische Weltsprache, die um ein Haar Amtssprache im Staat Israel geworden wäre! Dieser auch für die jüdische Geschichte außergewöhnlich kulturell und religiös reiche und komplexe Kosmos lässt sich hier kaum andeuten. Um nur wenige Stichworte zu nennen: Noch vor den zaristischen Pogromen des 19. Jahrhunderts und der Schoa war der Chmielnicki-Aufstand in der Mitte des 17. Jahrhunderts *das* Trauma im Judentum Osteuropas. Kosaken im Verbund mit christlich-orthodoxen Pächtern metzelten die Juden und Jüdinnen nieder. Diese Gewalterfahrung war ein wichtiger Grund dafür, dass hier messianisches Sehnen breiter und nachhaltiger die Frömmigkeit prägte als in anderen Regionen des Judentums.

In *Krakau,* einem der ganz großen Zentren rabbinischer Gelehrsamkeit, adaptierte Mose Isserles im 16. Jahrhundert einen Gesetzescodex aus dem sefardischen, dem von spanischer und südfranzösischer Kultur geprägten Judentum, für seinen Kontext. Dieser *Schulchan Aruch* (gedeckter Tisch) ist für orthodoxe Juden und Jüdinnen der ganzen Welt ein Ratgeber bis heute. *Wilna* wurde zu einem historischen Zentrum von Talmudstudium, aber auch von Sprachforschung und anderen »weltlichen« Wissenschaften. Nicht umsonst hieß es das »Jerusalem des Ostens«. Es brachte die Gestalt einer rational denkbar strengen Talmudgelehrsamkeit hervor. Jeschaju Leibowitz, das universalgelehrte »enfant terrible« (gest. 1995), wie auch Emmanuel Lévinas (gest. 1994) kommen aus dieser Schule des Judentums in den baltischen Ländern. Die Kraft und Frömmigkeit der Chassidim im Gefolge des → *Baal Schem Tow* leben etwa in einem Abraham Joshua Heschel (gest. 1972) fort. Bei ihm führt dies zu einer Lehre und Praxis religiösen Menschenrechtsengagements. Heschel, der philosophisch gebildete Nachkomme einer chassidischen Dynastie in Polen, protestierte gegen die Rassentrennung in den USA neben Martin Luther King in der ersten Reihe beim großen Marsch auf Washington am 28. August 1963.

Viele andere Städte des jüdischen Ostens wären zu nennen:

Lublin etwa, wie Wilna eines der Zentren jüdischen Buchdrucks, oder *Czernowitz,* wo es mehr Buchhandlungen als Bäckereien gab. Paul Celan, Rose Ausländer, Selma Merbaum, die jiddischen Poeten Itzik Manger und Elieser Steinbarg, sie und viele andere Literaten kommen aus dieser Stadt, die wie wohl keine zweite europäische Stadt in einer so kurzen Zeitspanne des 20. Jahrhunderts eine so reiche und qualitätsvolle Literatur hervorgebracht hat. Und – für uns am nächsten – *Prag,* zeitweise die größte jüdische Gemeinde Mitteleuropas. Hinter dem heute schon geradezu aufdringlich präsentierten und trivialisierten Golem bleibt dessen legendärer Schöpfer Rabbi Löw (1525–1609) weithin noch zu entdecken: als Rabbiner und gelehrter Verfasser von Talmudkommentaren und kabbalistischen Schriften, aber auch als Mathematiker und Bildungsreformer. Und neben und nach ihm etwa sein Schüler Salomo David Gans, Astronom, Mathematiker, Geograph und Chronist … und eine ganze jüdische Kultur: zwischen Ghetto und kaiserlichem Hof, zwischen den versperrten

Schlössern Franz Kafkas und Theresienstadt; zwischen tschechisch schreibender Minderheit und ins Deutsche verliebter Mehrheit von Schriftstellern …

Heute den europäischen Blick gen Osten zu wenden bedeutet im Blick auf Juden und Judentum aber zuerst und vor allem, Leerstellen wahrzunehmen. Auf den nun seit Jahrzehnen möglichen Bildungsreisen ist vom einstigen blühenden jüdischen Leben, von der Frömmigkeit und der Gelehrsamkeit nur mühsam einiges zu erahnen.

Wer heute auf der Suche nach jüdischem Leben gen Osten blickt, hat Juden und Jüdinnen aus dem Osten in seinem Rücken. Denn eine große Wanderung hat stattgefunden. Über 95 Prozent der Mitglieder jüdischer Gemeinden in Deutschland sind Emigranten, sind Kinder und Enkel, Nachkommen dieser grandiosen jüdischen Kultur Osteuropas. Während das geläufige Klischee des Jüdischen sich aus »Ostexotik« bildete, sind die realen Juden und Jüdinnen Osteuropas längst unsere neuen Nachbarn geworden. In Mittel-West-Europa gen Osten blicken heißt im Blick auf das Judentum nicht zuletzt, in der Nähe bleiben.

Verwirrender noch: Auch für sie alle, die sich nicht für Israel als Auswanderungsziel entschieden haben, und selbst für die (wenigen), die dessen konkrete Politik auch kritisieren, ist Israel doch vorbehaltlos Bestand von Heimat – in der Diaspora. Darin sind sie ihren Vorfahren aus Krakau, Odessa, Lublin, Bratzlaw, St. Petersburg, Budapest und Prag gleich. Auch für sie war Jerusalem der Ort, wohin die spirituelle Kompassnadel zeigte.

Dies wird in der schönen Geschichte veranschaulicht, die man sich von Nachman von Brazlaw erzählt, dem chassidischen Meister aus Podolien und Urenkel des → *Baal Schem Tow.* Nachman versandte die Einladung zur Hochzeit seiner Tochter mit folgendem Wortlaut: »Die Hochzeit meiner Tochter wird an diesem und jenem Tag in der Heiligen Stadt Jerusalem stattfinden.« Ein Sternchen neben dem Wort Jerusalem wies auf eine Fußnote am Ende der Einladung hin, die lautete: »Wenn in der Zwischenzeit der Messias nicht gekommen ist, wird die Hochzeit in Bratzlaw stattfinden.«

משנה ח׳:
נישר ספירות בלימה בלום פיך
מלדבר ולבך מלהרהר ואם רץ לבך
שוב למקום שלכך נאמר רצוא ושוב
ת׳ל דבר זה נכרת ברית:

29

Partnerschaft im Gottesbild: Männer – nur halbe Menschen?

In dem »Ozean« des talmudischen und rabbinischen Denkens lässt sich, soweit unser eingeschränkter Blick reicht, kaum etwas »Besonderes« zum Thema Männer finden. Zu entsprechenden Stichworten schweigen die Lexika und Register weithin. Aber auch ein solcher »stummer« Befund spricht Bände. Männer und Mannsein scheinen (allzu) selbstverständlich gewesen zu sein. Und ebenso »selbstverständlich« für eine patriarchalische Tradition lassen sich in dieser Literatur auch frauenunfreundliche Aussagen finden – nicht anders als im Christentum und Islam.

Im Morgengebet dankt der männliche Beter zum Beispiel dafür, nicht als Frau geschaffen worden zu sein (Frauen danken dafür, »nach Deinem [Gottes] Willen« geschaffen zu sein) ... Wegen solcher Aussagen zieht selbst ein orthodoxer strenger Denker wie Jeschaju Leibowitz durchaus in Betracht, auch die → *Halacha* bezüglich der Frauen durch eine Art übergeordnete *»Meta-Halacha«* zu erweitern und zu korrigieren. Diese *»Meta-Halacha«* könnte anknüpfen an eine Seite im *Talmud,* die, was das Patriarchat angeht, durchaus differenzierter, strittiger, uneindeutiger ausfällt und voller Anerkennung der Frauen ist.

So heißt es im Traktat Sota des babylonischen Talmud über die Frauen der Exodusgeneration: »Raw Awira legte aus: Als Belohnung für die bewährten Frauen, die in jenem Zeitalter lebten, wurde Israel aus Ägypten erlöst« (Traktat Sota 11b).

Das lässt immerhin darauf schließen, dass sich Männer weder als Grund noch gar als die »Macher« dieses Gründungsereignisses verstanden. Ein anderes Beispiel liefert Rabbi Eleasar, wenn er konstatiert: »Ein Mensch, der keine Frau hat, ist kein Mensch.« Genesis 5,2 greift Genesis 1,27 wieder auf: *Männlich und weiblich erschuf er sie … und gab ihnen den Namen Adam«.* Die rabbinischen Meinungen pendeln zwischen der egalitären Position von Genesis 1 und der hierarchischen Sicht der Geschlechter in Kapitel 2. Wie so oft erweist sich die jüdische Mystik auch hier als kühn. Sie favorisiert nicht nur die egalitäre Sicht. Die Geschlechterbeziehung wird sogar in die Sphäre des göttlichen Lebens hinein gespiegelt, und diese findet ihr Echo wiederum in den Beziehungen der Menschen wie den Potenzen der je einzelnen Individuen. Im Buch → *Sohar* (13./14. Jahrhundert) heißt es zu Genesis 1,27 und 5,2: »Männlich und Weiblich hat er sie erschaffen. Rabbi Schimon sagte: Himmlische Geheimnisse sind in diesen Worten ausgesprochen, damit erkannt werde himmlische Schönheit: das Geheimnis des Zusammenhangs, denn in diesem Geheimnis wurde der Mensch erschaffen … Darum ist ein Bild, in dem nicht Männlich und Weiblich vereinigt sind, nicht himmlischer Art … Komm und sieh: Überall, wo sich nicht ein Männliches und ein Weibliches vereinigt finden, schlägt der Heilige, gesegnet sei Er, nicht Seinen Wohnsitz auf. Der Segen findet sich nur dort, wo Männlich und Weiblich vereinigt sind« (Zohar 55b zu Genesis 5,2). Daniel Krochmalnik kommentiert, indem er auf die intrapsychische Dimension verweist: »Das Ideal des Menschen ist also nicht wie bei den platonischen Philosophen der einsame Mann, der erfolgreich seine weibliche, sinnliche Seite unterdrückt, sondern nur Mann und Frau zusammen; der einsame Mann ist, wie schon der Talmud sagte, ein halber Mensch – und kein Gottesbild.«[12]

»Gesellig« also gilt es Mann zu sein und zu werden, wenn das denn *lepanim,* das heißt vor Gottes Angesicht, Ihrem oder Seinem, stattfinden soll.

60

30
»Zejde, men ken ir efscher noch ratewen« – »Großvater, vielleicht kann man sie noch retten!«

Das rabbinische Judentum kennt eine besondere Wertschätzung des Toralernens durch Kinder. Früh lernen sie lesen. Für die Rabbinen (→ Rabbi) unterrichtet sie sogar Gott selber. Im Traktat Awoda Sara 3b heißt es: »Was tut er (Gott) in der vierten Stunde des Tages? Er sitzt und lehrt Schulkinder Tora. Denn es heißt: *Wen wird er Erkenntnis lehren, wem das Gehörte erklären? Kindern, die man von der Muttermilch entwöhnte, die man gerade von der Brust nahm* (Jesaja 28,9)«. Diese ganz außergewöhnliche Nähe Gottes zu den Kindern beginnt schon vor ihrer Geburt: »Das Ungeborene im Leib seiner Mutter gleicht einer zusammengefalteten Schreibmappe ... *Und ein Licht leuchtet ihm über seinem Kopf, und es sieht von einem Ende der Welt bis zum anderen* (vgl. Hiob 29,3) ... Und man lehrt es die ganze Tora ...« Und weiter heißt es: »... wie in den Tagen, die Gott mich behütete ...« Doch diese Welt ganz aus Tora-Erkenntnis und Gottesnähe geht verloren, sobald das Kind »an die Luft der Welt gelangt«. Dann »kommt ein Engel und schlägt es auf den Mund, und es vergisst seine ganze Tora« (babylonischer Talmud, Traktat Nidda 30b). Weil die Kinder aber dennoch so nah an diesem Zustand glückseliger Tora- und Gottesvertrautheit sind, gilt es, sie möglichst bald (wieder) Tora zu lehren. Schließlich hängt nicht weniger als der Bestand des Gemeinwesens davon ab: »Es sagte Rabbi Hamnuna: Jerusalem ist nur zerstört worden, weil sie die Kinder im Schulhaus vernachlässigt haben …«

Ist das der Hintergrund auch der Geschichte des jiddischen Schriftstellers Jossel (Yosl) Birstein (1920–2003)? In seiner Geschichte *In the Alleys of Jerusalem* erzählt er, wie er seine neunjährige Enkelin Jael beaufsichtigt hat, während ihre Eltern ausgegangen waren. Aufs Geratewohl schlägt er den → *Tanach* auf und trifft auf Richter 11,28–40. Erzählt wird hier von Jiftach. Der war ein Richter, der in den Krieg gegen Ammon ziehen musste. Fatalerweise suchte er sein Kriegsglück mit einem Gelübde vor Gott zu befördern: *Wenn du die Ammoniter wirklich in meine Hand gibst und wenn ich wohlbehalten von den Ammonitern zurückkehre, dann soll, was immer mir aus der Tür meines Hauses entgegenkommt, Adonai gehören, und ich will es als Brandopfer darbringen* (Richter 11,30f) … Das aber war sein Töchterchen … Als die neunjährige Jael das hört, ist sie äußerst betroffen. »… Man mag wehmütig schmunzeln angesichts dieses Mädchens. So sind Kinder, unverstellt hören sie Geschichten an ohne jeden Vorbehalt, ohne jedes ›als ob‹, das Distanz schafft und sich die biblische Geschichte als Literatur vom Leib hält. Das Mädchen ist über Wochen, ja, Jahrtausende nah bei Jiftachs Tochter.« Sechs Wochen später ist Yosl Birstein wieder bei seiner Enkelin, die ihn fragt: »Zejde, zejde (jiddisch: Großvater), erinnerst du dich an die Geschichte von Jiftachs Tochter?« »Wer die Geschichte einmal gehört hat, kann sie nicht mehr vergessen. Sie bleibt im Hals stecken und man kann sie nicht herunterschlucken.« Und dann fügt sie hinzu: »Zejde, efscher ken men ir nokh ratewen! Großvater, vielleicht kann man sie noch retten!« Und Birstein kommentiert: »Das hat sie nicht gesagt, weil sie ein Kind ist.«

Für das Kind ist die Geschichte noch offen: offen für die Rettung der Tochter Jiftachs, denn das, was der blüht, kann und darf einfach nicht sein. Da gilt anscheinend kein Realitätsprinzip nach dem Motto: Was geschah, geschah und ist nicht mehr zu ändern. Man hat sich abzufinden und nicht Wunschträumen nachzuhängen …

Liefert Birstein also einmal mehr ein gemütvolles sentimentales Stück von einer angeblich besseren, will hier heißen: empfindsameren Kindheit? Wird einmal mehr auf die Leinwand der Kinder projiziert, was im Erwachsenendasein als Defizit wahrgenommen wird?

Was dagegen spricht, ist der Großvater Birstein, der, nüchtern und wahrhaftig genug, der Enkelin nichts erspart an Härten, wie sie die biblische Geschichte kennt. Und auch das vorsichtige Vielleicht des Mädchens zeigt, dass es sich der verfahrenen »Sache« sehr wohl bewusst ist. Und dennoch setzt es das Verhängnis unter Vorbehalt; das böse Ende lässt es nicht beschlossene Sache sein.

Bei aller zuweilen auch skurril anmutenden Spekulation – die Rabbinen verstecken sie keinesfalls, scheinen sie manchmal geradezu zu inszenieren – : Die Wertschätzung des Tora lernenden Kindes ist zu breit und intensiv in rabbinischer Literatur thematisiert, als dass die Geschichten lernender Kinder nur als sentimentales Beiwerk gelten dürfen. Auch aus dem Mund von Birsteins Enkelin könnte durchaus Beachtenswertes für Erwachsene zu Gehör kommen: eine Stimme, die Kraft hat zum Neinsagen und zur Empörung; die auffordert, sich nicht mit dem Lauf der Dinge abzufinden; die ermutigt, die Scham, unrealistisch-utopisch zu erscheinen, durchzustehen … um der Rettung willen. Das ist dann keine harmlose Kindergeschichte zur Erwärmung des Gemüts.

Kein anderer als der KZ-Überlebende Jean Améry spricht so ähnlich: »Recht und Vorrecht des Menschen ist es, daß er sich nicht einverstanden erklärt mit jedem natürlichen Geschehen, also auch nicht mit dem biologischen Zuwachsen der Zeit. Was geschah, geschah: der Satz ist ebenso wahr wie er moral- und geistfeindlich ist.«[13]

Yosl Birstein, In the Alleys of Jerusalem, auf der CD: »Masters of Yiddish Prose«, Nr. 4, übersetzt von Gernot Jonas

Jean Améry, Jenseits von Schuld und Sühne, München 1966

70
משנה יב׳
אלו עשר ספירות בלימה אחת רוח
אלהים חיים ורוח מים ואש ורום מעלה
ותחת מזרח ומערב צפון ודרום:

31

Rücksicht auf Opfer und Täter: Von Totschlägern, Bluträchern, Hohepriestern – und ihren Müttern

Wer hat Schuld, wenn schweres Material oder Arbeitsgerät bewegt werden und dabei ein tödlicher Unfall geschieht? Ist es Schicksal? Oder kommt es auf die näheren Umstände an? Solche Fragen stellen die Rabbinen im Traktat Makkot 7b, um dem Skandalon auf die Spur zu kommen, dass ein Menschenleben von einem anderen Menschen vernichtet werden kann. Wie kann die gestörte Ordnung, die Verunreinigung des Landes durch das Blut eines Unschuldigen, wieder in eine Balance kommen (Numeri 35,33)?

Ein Kriterium der Schuldbewertung heißt biblisch wie rabbinisch: War der Täter dem Opfer zuvor feindselig gesonnen (Numeri 19,4; Makkot 10b)? Wenn nicht, geschah die Tötung ohne Vorsatz, und der Totschläger ist vor dem Bluträcher zu schützen. Dafür wurden von Mose und Josua sechs Asylstädte eingerichtet, damit solche Täter »dorthin fliehen können und am Leben bleiben« (Deuteronomium 19,4). Da der Weg dorthin weit entfernt sein kann, wurden zusätzlich 42 Zufluchtstädte benannt (Deuteronomium 35,6f), um das Risiko, dem Rächer in die Hände zu fallen, zu minimieren. Die Blutrache als solche wird also nicht abgeschafft, aber »aufgeschoben« und rechtlich eingehegt, auf dass sie nicht zur Lynchjustiz wird. Denn in den Zufluchtstädten – allesamt Leviten-Städte, wo Tora studiert und damit der Sinn für die Zedaka geschärft wird – hat ein Gerichtshof, nicht der Bluträcher über die Schuld zu befinden. Handelt es sich tatsächlich um nicht-vorsätzliche Tötung, wird der Totschläger in die Verbannung der Asylstädte geschickt und somit vor dem Bluträcher geschützt. Auf seinem Weg dorthin wird er von zwei Schriftgelehrten begleitet, auf dass sie auf den Bluträcher »einreden«: »Behandle ihn doch nicht wie einen gewöhnlichen Mörder; er hat es unvorsätzlich getan« (Makkot 10b).

Doch auch das Opfer und die Seinen werden nicht vergessen. Der Schutzraum für den Täter ist zugleich Ort seiner Verbannung. Das Asyl ist auch Exil. Letzteres ist es nach Rambam (Maimonides), um den »vom Schmerz Betroffenen zu beruhigen, damit der den nicht sehe, durch den dieses Ärgernis gegeben wurde«. Auch der Totschläger wird – so im *Sefer Hachinuch*, einem rabbinischen Standardwerk aus dem 13. Jahrhundert –»angesichts des angerichteten Kummers einen anderen Kummer auf sich nehmen müssen, der damit in etwa übereinstimmt: die Verbannung«. Sind das Ansätze zu einem Opfer-Täter-Ausgleich?

Alle Differenzierungen der Rabbinen, die Frage nach der Schuld zu beantworten, ranken sich um den Wert des Lebens. Das verlorene Leben darf nicht bagatellisiert und der Schmerz der Angehörigen nicht vergessen werden, und zugleich soll das Leben des nicht-vorsätzlichen Täters lebenswert erhalten bleiben. Das zeigt sich an den Bedingungen für die Zufluchtstädte: »weder kleine Städtchen noch Großstädte« sollen es sein. Denn die wenigen Bewohner der kleinen könnten den Geflüchteten nicht ausreichend schützen; in der Großstadt aber könnte er untertauchen und sich seiner Verantwortung entziehen … Zudem muss es Wasser und einen Markt in den Städten geben, auf dass es an nichts zum Leben fehlt. Dabei geht es nicht nur ums nackte Überleben. Vielmehr »wird gelehrt: Wenn ein Schüler in die Verbannung muss, so muss sein Lehrer mit ihm in die Verbannung …« Denn wie soll ohne Studium der Tora Leben möglich sein! Und umgekehrt gilt ebenso: »Wenn ein Lehrer in die Verbannung muss, so muss seine Schule mit ihm in die Verbannung« (Makkot 10a).

Kann aber ein Totschläger über all das hinaus noch gesellschaftliches Ansehen genießen? Auch danach fragen die Rabbinen: Was wenn »die Leute der Stadt ihm Ehrung erweisen wollen«? Die Mischna lehrt: »… so sage er zu ihnen: ich bin ein Totschläger« – auf dass das erloschene Leben nicht ignoriert sei. »Wenn sie ihm aber erwidern: Dennoch!, so nehme er sie (die Ehrung) von ihnen an« (Mischna Makkot II,8).

Die Verbannung endet mit dem Tod des Hohepriesters. Doch warum ist sie gekoppelt an dessen Lebenszeit? Vielleicht, weil der Antritt des neuen Hohepriesters mit einer Amnestie verbunden war. Die Rabbinen entdecken in dieser Regelung aber noch eine spirituell-kollektive Dimension der Schuld. Denn vielleicht hat der Hohepriester seinerseits nicht konzentriert genug gebetet, so dass das Unglück erst möglich wurde (R. Elias Dray, vgl. babylonischer Talmud, Traktat Makkot 11b)? Verführt das aber den Verbannten nicht dazu, für den Tod des Hohepriesters zu beten? Jetzt kommen deren Mütter ins Spiel. Die versorgen »die Totschläger mit Nahrung und Kleidung (…), damit sie nicht beten, dass ihre Söhne sterben mögen« (Mischna Makkot II,6).

Welches Netz an Schulddimensionen und Lebensfürsorge knüpfen die Rabbinen!

Mit Blick auf unsere Kultur fragt Emmanuel Lévinas kritisch weiter: Sind das alles nur »hübsche erloschene Bräuche«? Gibt es nicht auch heute »Morde, die begangen werden, ohne daß der Täter die Absicht dazu gehabt hätte: (…) Ist es in der abendländischen, freien, zivilisierten Gesellschaft, der es jedoch an sozialer Gerechtigkeit, an strenger sozialer Gerechtigkeit mangelt, ist es dort absurd zu fragen, ob die Vorteile, die die Reichen gegenüber den Armen genießen – und im Westen ist jeder in bezug auf irgendeinen ein Reicher – , ob diese Vorteile genau genommen nicht Ursachen irgendeiner

Agonie irgendeines Menschen irgendwo auf diesem Planeten sind? Finden nicht irgendwo gerade Kriege und Schlächtereien statt, die die Folge der Ungleichheit sind?« Sind wir, »aufgrund unserer subjektiven Unschuld in unserer liberalen Gesellschaft«, die wir in sicheren Umständen leben, nicht doch wie die Totschläger in der Asylstadt, umgeben vom »Rächer oder Erlöser des Blutes mit ›erhitztem Herzen‹ (...) in der Form von Volkszorn, Auflehnung oder gar der Straftaten in unseren Vorstädten, als Resultat des sozialen Ungleichgewichts, in dem wir uns eingerichtet haben?« Sind unsere Städte »nicht in Wirklichkeit der Schutz einer halben Unschuld bzw. einer halben Schuld«, ebenso, wie es bei Totschlägern ist? »Und unsere brillante, humanistische griechisch-römische Kultur (...), ist diese Kultur nicht auch eine Spur verlogen, eine Spur zu unempfindlich für den heißblütigen Zorn des Bluträchers, und unfähig, das Gleichgewicht wiederherzustellen?«[14] Also: wir Mitglieder der Gesellschaften auf der nördlichen – reicheren – Halbkugel in der Rolle der Totschläger, die sich als solche noch gar nicht erkannt haben und deshalb auch kein Gespür für den – berechtigten – Zorn der Bluträcher auf der anderen Seite des Planeten haben?

Emmanuel Lévinas, Jenseits des Buchstabens, Frankfurt a. M. 1996

משנה ט׳ ר׳:
עשר ספירות בלימה אחת רוח אלהים
חיים ברוך ומבורך שמו של חי העולמים
קול ורוח ודבור וזה רוח הקדוש:

32
Ein Tag der Unterbrechung: Trippeln und Flanieren – zum Zeittakt des Sabbat

Seit das erste Fließband anlief, sind die Menschen mit seinem Takt verkoppelt. Und der ist bekanntlich monoton und pausenlos. Ein Fließband braucht keinen Schlaf; es funktioniert ohne Atmen und Wimpernschlag. Und das ist gewollt, denn Zeit ist Geld und Geld macht Tempo, um in gedrängter Zeit mehr Geld zu werden. Unter den Bedingungen elektronischer Datenvermittlung haben sich Produktions- und Distributionsprozesse vielmals beschleunigt. Der Grenzwert ist Gleichzeitigkeit: Milliarden hier und jetzt gesetzt, sind augenblicklich auf dem anderen Teil des Globus im Spiel. In diesen Zeiten sind Flexibilität und Mobilität der Menschen weithin unhinterfragt »Basiskompetenzen« der (Arbeits-)Marktteilnehmer geworden und lassen uns doch von Anfang an in diesem Wettlauf mit der Zeit chancenlos als kümmerliche Menschlein erscheinen. Milliarden werden ausgegeben, in Landschaften dichtbesiedelter und zersiedelter Regionen wird drastisch eingegriffen, um nur einen Bruchteil an Fahrtzeit zwischen deutschen Metropolen einzusparen. In solchen Verhältnissen haben sich die Lebensvollzüge insgesamt beschleunigt: Nachweislich sprechen wir schneller als frühere Generationen und sehen und hören schneller, wenn auch der eine oder die andere die schnellen Schnitte von Videoclips, den Beat von Techno und Rave vielleicht als unangenehm, wenn denn nicht als schmerzlich empfinden mag. Wir erleben schneller und konsumförmig, weshalb wir auch schneller einander überdrüssig sind – oder sein können – und deshalb hurtiger Neues begehren. Ein großer Imperativ: Schneller! Sofort!, der in der Wirtschafts- und Arbeitswelt regiert, hat seine Statthalter längst in unseren Lebens- und Gefühlswelten installiert. Ungeduld ist hip, wenn nicht anscheinend überlebenswichtig. Und wer Bedenkzeit erwünscht oder Moratorien zu Entscheidungen anmahnt, erscheint vorab »unsexy«. Argwohn wird provoziert: Was führen solche Leute im Schilde, die Zeit verschwenden, ja anderen die Zeit stehlen?

Es dürfte bezeichnend sein, dass eine Droge unserer Zeit *speed* heißt …

Im Traktat Schabbat 113b des babylonischen Talmud wird eine Bewegungsform diskutiert: »*Dass du an ihm (dem Sabbat) deine Wege nicht gehst,* dein Gang am Schabbat gleiche nicht deinem Gang am Wochentag …« Gemeint ist hier ein ganz verlangsamtes Gehen, das sich gerade dadurch vom werktäglichen unterscheidet. Das schnelle Trippeln, das sich in ultraorthodox-jüdischen Vierteln in Antwerpen, Jerusalem, New York und anderswo werktags beobachten lässt, will gerade diese Verlangsamung am Sabbat per Kontrast unterstreichen. Die talmudische Bemerkung zum »anderen« Gehen nimmt Jesaja auf, wo es heißt: *Wenn du am Sabbat deine Füße zurückhältst, deine Geschäfte an meinem heiligen Tag zu betreiben; wenn du den Sabbat eine Wonne nennst und den heiligen Tag JHWHs verehrungswürdig; wenn du ihn dadurch ehrst, dass du an ihm nicht deine Gänge machst, noch deiner Arbeit nachgehst und keine eitlen Reden führst, dann wirst du deine Freude haben an JHWH, und ich lasse dich auf den Höhen des Landes einherfahren und das Erbteil deines Vaters Jakob genießen* (Jesaja 58,13f). Nichts hat so viel Aufmerksamkeit, kreative Energie, Nachdenken, Diskussion und Poesie, ja Liebe provoziert wie der Sabbat. Ein Kosmos von Texten, Gesten, Symbolen, Anspielungen bis hin zu ganz realen Düften entstand, der dem Sabbat eine eigene Aura verleiht. Der Sabbat, rabbinisch als liebens- und begehrenswerte Braut feminisiert, eine Sie also, gilt als Matrix aller Feste, als Muster und Vorschein der messianischen Zeit. In ihrer »somatischen Weisheit« und mit ihrem Sinn für alltagsnahe Verbindlichkeit haben die Rabbinen neben vielem anderen die Bewegungsform an diesem Tag bedacht. Die Schritte sollen nicht zahlreich sein und nicht angestrengt, um nicht in den Sog von Anstrengung, von Arbeiten und Leisten zu geraten; aus den Bewegungen wird *speed* herausgenommen. Die Rabbinen ringen um die Bildung eines Zeit- und Ruheraums, in dem ausgeatmet werden kann. Der verlangsamte Schritt ist der Schritt befreiter Menschen, die nicht mehr geduckt und getrieben sind von Sorgen um die wirtschaftliche Absicherung des Lebens oder gehetzt durch Geschäftigkeiten oder sogar Verfolgung. Das wohlige Flanieren der Menschen am Sabbat versucht, sich jetzt schon im Takt der messianischen Zeit zu bewegen. Ein Paradox: Die verlangsamte Bewegung kennzeichnet den Schritt auf die messianischen Zeiten zu und nähert sich ihnen am schnellsten!

Eine Variante dieses Paradoxes erscheint auch in der chassidischen Geschichte vom Berditschewer Rabbi: Der »sah einen auf der Straße eilen, ohne rechts und links zu schauen. »Warum rennst du so?« fragte er ihn. »Ich gehe meinem Erwerb nach«, antwortet der Mann. »Und woher weißt du«, fuhr der Rabbi fort zu fragen, »dein Erwerb laufe vor dir her, dass du ihm nachjagen musst? Vielleicht ist er dir im Rücken, und du brauchst nur innezuhalten, um ihm zu begegnen, du aber fliehst vor ihm.«[15]

Es gab Christen in der frühen Kirche, die neben dem Sonntag auch den Sabbat heiligten. Eine Diskussion darüber dürfte heute nicht angesagt sein. Zu fragen ist aber, ob von rabbinischer »somatischer Weisheit« nicht zu lernen ist: dem Sonntag, der Züge des Sabbat aufgenommen hat, erneut eine Verbindlichkeit und auch körperlich spürbare Langsamkeit zu verleihen, zumal in unseren »beschleunigten Zeiten«, in denen Freizeit und Vergnügen längst gewerblich durchorganisiert sind und für manche schon den Takt der Produktion angenommen haben.

Innehalten und langsam gehen – zur Wonne der Menschen und Heiligung des Tages der Ruhe des Ewigen.

Martin Buber, Die Erzählungen der Chassidim, Zürich 1949, Jubiläumsausgabe 2014

08
שתים רוח מרוח חקק וחצב בה
עשרים ושתים אותיות יסוד שלש אמות
ושבעה כפולות ושנים עשר פשוטות
ורוח אחת מהן שלש מים מרוח חקק
וחצב בהן תהו ובהו רפש וטיט חקקן

33
»Waffenstillstand im grausamen Existenzkampf des Menschen« – Sabbat

Unsere Welt stand 2008 am Abgrund. »Blase« nach »Blase« platzte, und ein ganzes Finanzsystem geriet auf abschüssige Bahnen. Eine Katastrophe wurde nur verhindert, weil große Banken – *too big to fall,* doch zu »verzockt«, um sich selber noch zu retten! – aus Steuermitteln gestützt wurden. Die Verluste waren noch nicht beziffert, die Folgen der milliardenschweren Rettung noch nicht abgeschätzt, da wurden schon wieder Boni in schwindelerregenden Höhen an die Verursacher der Krise bezahlt. Und das Spiel aggressiver Spekulation geht weiter: immer mehr! Es zielt auf die Vermehrung von Geld, und dieses Wachstum kennt keine Grenze, jedoch Imperative: solche der Produktivitäts- und Effektivitätssteigerung in praktisch allen Lebens- und Arbeitsbereichen. Qualitätsmanagementprogramme, nicht selten eindimensional und technokratisch »im Geiste«, setzen sich, smart im Ton, unerbittlich in der Sache, bis in die Kitas fort … Zu fragen ist, ob diese Optimierungs- und Wachstumsprogramme nicht längst auch die Gentechnik regieren: Wird nicht die Optimierung des Erbguts angezielt oder genauer: Läuft es nicht »irgendwie« darauf hinaus? Dass sich selbst die Freizeit und Lust unter den Ansprüchen solcher Optimierung wiederfinden, unterstreicht nur, dass solche Programme aufs Ganze gehen …

Dieses »Spiel« zu unterbrechen, einfach so, und nichts tun, würde sehr irritieren. Mehr noch, es provozierte.

Eine solche Provokation ist der Sabbat. Einzigartig in der Antike, »unterbricht« er das »Spiel« (die Wurzel *sch-b-t* kann auch unterbrechen bedeuten), den Drang und Trieb freiwilliger Unterwerfung unter die Arbeit *(awoda)*. Die ist bekanntlich gottgewollt, doch eben nur für »sechs Tage«, also »in Maßen«, begrenzt. Sonst kippt sie unversehens um und wird zu einem Fetisch, der in seinen Bann schlägt. Das gleiche Wort für Arbeit, *awoda*, bezeichnet denn auch den Götzendienst: Awoda sara heißt der entsprechende Traktat im Talmud. Das grenzenlose Wachstum wird zum Götzen.

Schon das biblische Sabbatgebot betrifft alle, auch und nicht zuletzt die Knechte und Mägde und selbst die Tiere. Es zielt auf die gesamte Wirtschaft, um klarzumachen: So notwendig und gottgewollt all dies ist – der Grund des Lebens selber ist nicht zu erwirtschaften … (Exodus 20,10).

Die Befreiung aus dem Sklavenhaus ist JHWH zu verdanken (Deuteronomium 5,15). Und schon in der Wüste sollte das Vertrauen eingeübt werden, dass das Manna unverdorben bleibt und ausreicht auch am nächsten Tag, einem Sabbat (Exodus 16). Dennoch muss der Sog ins Hamsterrad unaufhörlichen Getriebes tief in uns Menschen verankert sein. Deshalb wird biblisch gleich zweimal aufgefordert: Erinnere *(sachor)* den Sabbat (Exodus 20,8) und: Bewache, halte *(schamor)* den Sabbat (Deuteronomium 5,12), was im hebräischen Wortlaut durch die Ähnlichkeit des Klangs der beiden Wörter noch einprägsamer ist. Für die Tora erscheinen die Versuchungen, den Sabbat zu vergessen und nicht zu halten, so stark, dass sogar die Todesstrafe dafür ins Spiel gebracht wird. Dabei ist den Rabbinen klar, dass diese nie vollstreckt wird. Deutlich werden aber soll, dass es beim Halten und Nichthalten um Bedeutsames geht, – letztlich sogar – um Leben und Tod.

Abraham Joshua Heschel (1907–1972) nimmt in unserer Epoche die vielfältigen Bedeutungen des Sabbat auf, wenn er resümiert: Er ist ein »Tag in der Woche, ausgesondert für die Freiheit, ein Tag, an dem wir die Werkzeuge, die so leicht zu Waffen der Vernichtung geworden sind, nicht benutzen … ein Tag, an dem wir nicht mehr die Götzen der technischen Zivilisation anbeten, an dem wir kein Geld benutzen … ein Waffenstillstand im grausamen Existenzkampf des Menschen …«[16]

Mit dem Sabbat als Atempause wird den Tagen ein Rhythmus beigebracht: die Woche. Dasselbe gilt auch für die Jahre. Das Sabbatjahr unterbricht auf seine Weise die Folge der Jahre. Aus den zahlreichen Ausdeutungen des Sabbat-Geistes durch die Rabbinen seien hier nur zwei angeführt. Zum Sabbatjahr heißt es im *Talmud:* »Der Heilige, er sei gesegnet, sprach zu Israel: Säe sechs Jahre und lass das Land im siebten Jahr brachliegen, um erkennen zu lassen, dass es mein Land ist« (Traktat Sanhedrin 39a). Der große Gelehrte und Begründer der Neu-Orthodoxie aus Deutschland, Samuel Raphael Hirsch (1808–1888), klärt die Zusammenhänge: »Was der siebte Tag in Beziehung zur ganzen Erde ist, ist das siebte Jahr in Beziehung zum Land Israel.« Und die Zeitstruktur Sabbat wird nochmals erweitert: Das 50. Jahr, also das, das dem siebten Sabbatjahr folgt, ist das → *Jobeljahr* (vgl. Levitikus 25). Mit ihm erstreckt sich der Sabbat jetzt auf zwei (und alle künftigen) Generationen und ihren Zusammenhang. Es zeigt, dass mit dem Sabbat nicht weniger als dauerhafte Lebensverhältnisse und deren Grundordnung gemeint sind.

Der Sabbat setzt die Menschen, die auf dieser Erde und in dieser Welt wirtschaften, verbindlich in Relation zu Gott. Und das relativiert, begrenzt auch ihren Zugriff auf diese Erde. Sie dürfen und brauchen diese – aber auch sich selber! – nicht ganz zu »verwirtschaften«. Sowohl menschliche Selbstüberforderung als auch omnipotente Wachstumsfantasien werden infrage gestellt, wenn es in einem rabbinischen Kommentar zum Buch Exodus heißt, es sei der – ganz passiv verbrachte – Sabbat, der schon vorausgreift auf eine »Ruhe, als ob all dein Werk getan sei« (Mechilta V,4); ja, talmudisch ist der Sabbat schon ein Vorschein und Vorgeschmack der kommenden Welt (Traktat Berachot 57b).

Kein Wunder, dass die Ankunft des Messias vom *Talmud* an einem Sabbat erwartet wird … Doch wie sollen der Messias und seine Zeit kommen, wenn wir nicht den Sabbat mit aller Kraft erinnern, bewahren und bewachen?

Abraham J. Heschel, Der Sabbat. Seine Bedeutung für Menschen heute. Mit einem Geleitwort von Susannah Heschel, Ostfildern 2022

80
כמין ערונה חציבן כמין חומה סככם כמין
מעזיבה ארבע אש ממים חקק וחצב בה
כסא הכבוד ואופנים ושרפים וחיות
הקרש ומלאכי השרת ומשלשתן יסד
מעונו שנאמר עשה מלאכיו רוחות
משרתיו אש לוהט:

34
Schuld und ihre Geschichte: Selbst die Zeiten beugen sich der Vergebung

Kein zweiter Tag ist im Judentum auch nur annähernd so eindrücklich »inszeniert« wie Jom Kippur. Selbst Juden und Jüdinnen, die es nicht sehr »mit der Religion halten«, lassen sich dann in der Synagoge sehen. Und selbst wenn auch das nicht stattfindet, bezeugen nicht wenige »Säkulare«, dass sie die Atmosphäre dieses Tages noch in sich verspüren. Auf über 176 großen Seiten diskutiert der Talmud im Traktat Joma, was diesen Tag ausmacht …

Schon im vorausgehenden Monat Elul durch Schofartöne (→ Schofar) angekündigt, läuft ab *Rosch haschana,* dem Neujahrstag des jüdischen Kalenders, der Countdown auf den 10. des Monats Tischri zu. Wo die Zählung der Tage neu beginnt, muss auch qualitativ ein Neubeginn gesetzt werden: durch *teschuwa* und *kappora,* Umkehr und Versöhnung, genauer: Verdecken der Schuld. Nur so – versöhnt mit Gott – kann neu gelebt werden.

Mit den ersten Schofartönen (→ Schofar) – Signale des Aufbruchs bis hin zum Ton des Jüngsten Gerichts – hat man sich um die Menschen der eigenen Lebenswelt zu bemühen, auf dass sie Versäumnisse und Verfehlungen ihnen gegenüber vergeben mögen. Denn am Jom Kippur geht es um die Schuld und Sünde vor Gott allein. Die Männer tragen an diesem Tagen ein weißes Gewand, jiddisch: den Kittel, der auch das Sterbekleid sein wird … Damit hat der Tag seine Farbe. Fünf lange Gebetszeiten mit einem dichten Gewebe von biblischen Texten, Gebeten und Liedern geben dem Tag seinen Rhythmus. Fünf Mal wird die Schuld bekannt in all ihren möglichen Gestalten und Versionen: 22 Begriffe dafür, so viel, wie das Alefbet Buchstaben kennt … Und das Bekenntnis erfolgt jeweils zweimal: zerknirscht gesprochen von den Einzelnen und gesungen von der ganzen Gemeinde. Denn zu sehr sind die Lebensfäden der Einzelnen verwoben mit denen der anderen, als dass sich Verantwortung fein säuberlich aufs Ich allein beschränken ließe … Zugleich aber auch: Kein Ich kann sich im Wir verstecken, wo's um Verantwortung geht – deshalb also zweimal.

Jom Kippur ist ein Tag wie aus der Zeit gefallen. 25 Stunden lang, vom Anfang am Abend bis nach dem nächsten Sonnenuntergang wird gefastet und zwar radikal: Es wird nichts gegessen und nichts getrunken; kein Sex und keine Körperpflege; gerade die Augen werden mit wenigen Tropfen Wasser am Morgen wach gewischt. Und an den Füßen keine Schuhe aus Leder, denn »Leder macht hochmütig«.

Christlich mag sich ein Reflex melden: Geht's hier um Werkgerechtigkeit?! Doch der Reflex zuckt ins Leere. Schon die Prophetenlesung im Morgengebet wehrt solchem Missverständnis, wenn sie die, die doch schon seit 16 Stunden am Fasten sind, mit Jesaja 58,5–8 konfrontiert: *Ist ein Fasten, an dem ich Gefallen habe, etwas wie dies: ein Tag, an dem ein Mensch sich demütigt? … Nennst du das ein Fasten und einen dem Ewigen wohlgefälligen Tag? Ist nicht vielmehr das ein Fasten ….: ungerechte Fesseln zu lösen, die Knoten des Jochs zu öffnen, … dein Brot dem Hungrigen zu brechen und dass du obdachlose Arme ins Haus aufnimmst?*

Nein, beim Fasten, also beim willentlich herbeigeführten Entzug geht's um Unterbrechung, sogar eine, die noch über den Sabbat hinausreicht: Mit Jom Kippur wird gleichsam ein Sabbat der Sabbate erzeugt. Nicht nur absolute Arbeitsruhe herrscht, sogar natürliche Bedürfnisse und elementare kulturelle Handlungen werden ausgesetzt und aufgeschoben, um eine Aus-Zeit zu bewirken für Vergebung, die selbst die Lebenszeiten neu zu ordnen vermag. »Und innerhalb der außer Kraft gesetzten Rahmenbedingungen können wir unser Leben neu einrichten, unser Dasein aufs Neue definieren, sogar unsere Vergangenheit neu schreiben«, vermerkt der orthodoxe New Yorker Rabbiner Shlomo Riskin. Ja, die versöhnte »Zukunft verändert die Richtung der Vergangenheit« (R. Joseph Ber Soloveitchik, 1903–1993). Selbst die Zeiten beugen sich also der Vergebung am Jom Kippur.

Alle paar Jahre gibt es Schlagzeilen, dass ein Überlebender oder eine Überlebende der Schoa einem NS-Täter verziehen habe. Sprungbereit reagieren die Medien darauf, zumal in Deutschland. Doch auch wenn die Zeit vor Jom Kippur von Vergebungsbereitschaft, geradezu einer Vergebungspflicht geprägt ist, fragt die Auschwitz-Überlebende und Psychologin Bloeme Evers-Emden: »Wie kann ich als Jüdin den Mördern meines Volkes vergeben?« Stellvertretend kann sowieso nicht verziehen werden. Beim chassidischen Rebbe Jizchak Meir von Ger (ca. 1798–1866) lässt sich stattdessen ein Wink zum Umgang mit nicht mehr verzeihbarer Schuld finden: Einen auf seine Schuld fixierten Menschen fragt er: »Was willst du? Rühr her den Kot, rühr hin den Kot, bleibt's doch immer Kot ... Darum heißt es: *Weiche dem Bösen und tue das Gute* (Psalm 34,15) – wende dich vom Bösen ganz weg, sinne ihm nicht nach und tue das Gute. Unrechtes hast du getan? Tue Rechtes ihm entgegen!«

90
צ

35

»... ober schtieke alejn is kejn chóchme nit« – »... aber Schweigen allein ist keine Weisheit«

Die Schwester des Sprechens ist das Schweigen. Es hat so viele Gesichter wie jene: Es kann zustimmen oder verneinen, freundlich bestärken oder aggressiv ablehnen, tiefe Liebe und abgründiger Hass sein ... Alle Facetten menschlichen Agierens scheinen sprechend wie schweigend möglich zu sein, oder? ... Wäre es deshalb nicht angezeigt, in einem kleinen Beitrag wie diesem, zumal einem über das Schweigen, besser zu schweigen? Schließlich lehrt schon die große rabbinische Autorität des 2. Jahrhunderts, Rabbi Akiwa in der Mischna: »Der Zaun um die Weisheit ist das Schweigen« (Mischna Awot 3,17). Doch ein jiddisches Sprichwort ergänzt: »Ober schtieke alejn is kejn chóchme nit« – »aber Schweigen allein ist keine Weisheit.« Denn »Schweigen allein« ist allzu vieldeutig.

Wir konzentrieren uns im Folgenden auf den → *Chassidismus,* die große »Erweckungsbewegung« des Judentums seit dem 18. Jahrhundert in Osteuropa. Es sind Menschen und ihre Gemeinden, die unsere Vorfahren dort zum Verstummen gebracht haben ...

Georg Langer (1894–1943), ein tschechischer Jude westlicher Prägung, ließ sich wie Martin Buber (1878–1965) stark auf den Chassidismus ein. Er erzählt nicht zuletzt von Rabbi Mendel von Worki, einem, wenn denn nicht *dem* Meister des Schweigens unter den großen Gestalten des Chassidismus, den *Zaddikim* (Gerechten): »Als Mendel noch ein Schüler des heiligen Jehudi war, kam er einmal mit Rabbi Elieser ... zusammen. Die beiden jungen Zaddikim setzten sich nebeneinander auf eine Bank, hießen alle Chassidim das Zimmer verlassen und saßen da und schwiegen. So saßen sie eine Stunde, zwei Stunden. Die Chassidim schauten dann und wann neugierig in das Zimmer hinein, aber Rabbi Elieser vertrieb sie jedes Mal mit einer mächtigen Bewegung seiner heiligen Rechten. Drei Stunden saßen die beiden Zaddikim schweigend. Schließlich öffnete Rabbi Elieser die Tür und sprach zu den ungeduldigen Chassidim: »So! Jetzt könnt ihr eintreten. Wir haben uns bereits alles gesagt«.«[17]

Auch seine Chassidim, die sich um ihn scharten, konnte der Rabbi in diese schweigende Kommunikation einbeziehen: »An Rabbi Mendels Tisch«, erzählt Buber, »saßen einst die Chassidim schweigend beisammen. Man konnte die Fliege an der Wand hören, so groß war das Schweigen. Nach dem Tischgebet sagte der Rabbi von Biala zu seinem Nachbarn: »Ist das heut ein Tisch gewesen! Er hat mich so geprüft, dass mir die Adern zu platzen drohten, aber ich habe standgehalten und habe auf alle Fragen Antwort gegeben.«[18]

Gewiss, irritationsfrei war solches Schweigen auch in chassidischen Kreisen nicht. Als Rabbi David Mose von Czortkow »lange Zeit nicht predigen« wollte, wurde er immerhin nach dem Grund dafür gefragt. Er antwortete: »Es gibt (nach rabbinischer Lehre) siebzig verschiedene Weisen, die Schrift auszulegen. Eine davon ist Schweigen.«

Damit ist ein weites Feld eröffnet: das vom Reden und Schweigen von Gottes Wort und Tat. So entschieden die Rabbinen etwa, dass Sünden der Väter und Großen der Tradition zwar nicht verschwiegen, sondern hebräisch vorgelesen werden, nicht aber in die damalige Umgangssprache Aramäisch übersetzt werden: eine »Balance« (Jürgen Ebach) zwischen Wahrhaftigkeit und Diskretion.

Zugleich verweist das Schweigen als Auslegungsweise auf seine biblischen Gründe.

Einen Anhaltspunkt bietet 1 Könige 19,12. Nach diesem Text fand Elija Gott schließlich nicht im Wind, nicht im Beben, nicht im Feuer – sondern vernahm ihn im »Geräusch eines leisen Wortes«, einem »sanften, leisen Säuseln«, einer »Stimme verschwebenden Schweigens«. Rabbi Nachman von Bratzlaw, der »große Selbstzweifel« kennt und »an sich selbst« leidet, versteht sich besonders aufs Hören und Nichthören, das Nicht-Erhörtwerden und Schreien Gottes wie das der Menschen. Für ihn ist das leise Säuseln eine »Stimme zerstoßenen Schweigens«. »Wisse, dass man mit einer ›Stimme zerstoßenen Schweigens‹ schreien kann: mit einem ganz gewaltigen Schrei, den aber niemand überhaupt hört«.[19]

Ähnlich erzählt Buber von Rabbi Mendels Deutung des verstoßenen Ismael. Zum Schriftvers: *Und Gott horchte der Stimme des Knaben,* merkt Rabbi Mendel an: »Es war ja gar nicht erzählt worden …, dass Ismael seine Stimme hätte erschallen lassen. Nein, ein lautloser Schrei ist es gewesen, auf den Gott horchte.« Gefragt, was »den wahren Juden ausmache«, antwortet Mendel von Worki: »Uns geziemen drei Dinge: ein aufrechtes Knien, ein lautloser Schrei, ein unbewegter Tanz.«[20]

Georg (Jiří Mordechai) Langer, Neun Tore. Das Geheimnis der Chassidim. Aus dem Tschechischen übersetzt v. Friedrich Thierberger, Neu-Isenburg 2004. Neuausgabe: Die neun Tore. Geheimnisse der Chassidim. Übersetzt von Kristina Kallert, Wuppertal 2012

Martin Buber, Die Erzählungen der Chassidim, Manesse Verlag, Zürich 1949. Jubiläumsausgabe 2014

Die Erzählungen des Rabbi Nachman von Bratzlaw. Übersetzt und herausgegeben von Michael Brocke, München-Wien 1985

משנה ד׳
עשרים ושתים אותיות יסוד
בגלגל ברל״א שערים וחוזר הגלגל
ואחור וזהו סימן לדבר אין בטובה
מענג ואין ברעה למטה מנגע:
שקלן והמירן אלף עם כולם וכולם עם
אלף בית עם כולם וכולם עם
וחוזרת חלילה נמצא כל היצור וכל
הדבור יוצא בשם אחד:
90

36
Eine Frage von Spiritualität: 613 Ver- und Gebote

Spiritualität hat Konjunktur. Unzählige Angebote an Schriften, Kursen und Workshops verheißen ihren Erwerb oder die Einübung in sie. Das Wort verspricht ein Jenseits von erfahrungsarmen Lehr- und Glaubenssätzen wie ein Jenseits von einer Ethik und Praxis, die schnell rigid und überfordernd geraten. Ist die Sehnsucht nach Spiritualität nicht ein tiefer Seufzer aus einer durch und durch rationalisierten und ökonomisierten Lebenswelt? Ein Seufzer aus den entseelten Ödnissen einer Spätmoderne und einer Dauer-Spaßigkeit postmoderner Unterhaltung?

Man könnte allerdings biblisch gewarnt sein: Wo so unvermittelt von Spiritualität gesprochen, sich so zielstrebig nach Geistigkeit und Geistlichkeit ausgestreckt wird, dürfte sich das »Objekt« der Sehnsucht souverän entziehen ... Das *pneuma,* die *ruach* – der Geist, die Geistkraft – weht schließlich, wo sie will ... (vgl. Johannes 3,8)

Ein Blick ins rabbinische Judentum dürfte Christen und Christinnen auf spirituellen Suchgängen so ziemlich als letztes, wenn überhaupt, einfallen. Seine (orthodoxe) Lebensform, aus 613 einzelnen Ge- und Verboten gewoben, lässt es in christlicher Perspektive doch viel eher als Ausgeburt von Geistferne erscheinen: auf Buchstaben versessen, in der Auslegung äußerst subtil, in deren Schlussfolgerungen unverständlich, ja befremdlich. Ist das Judentum nicht viel eher der Beleg dafür, wie sich der Geist aus den Buchstaben verflüchtigt? Ja, wie Geist und Buchstabe in Gegensatz zueinander geraten?

Der Ungeist solcher Opponierungen durchweht das Christentum von seinen Anfängen bis heute: Geist versus Buchstaben, Gnade versus Werke, Evangelium versus Gesetz … In unzähligen Variationen wurde und wird das Motiv intoniert. Kann bei solcher Voreingenommenheit »in Sachen« Spiritualität dann noch vom Judentum Inspiration erwartet werden?

Wir meinen ja, sogar gerade vom Judentum, wenn man bereit ist, die eigenen Ziele auch – scheinbar – »umwegig« anzugehen.

Die hohe Zahl der Gebote warf durchaus auch für die Rabbinen die Frage nach ihrem Geist auf, nach dem, was sie im Inneren zusammenhält. Im Traktat Makkot 23b/24a des babylonischen Talmud wird eine Diskussion festgehalten, die geradezu mit Eifer diese 613 Ge- und Verbote reduziert. Sie scheint uns gut lesbar als Versuch, die Spiritualität der Tora auszumachen. Mit Berufung auf David werden die Hunderte von → *Mizwot* auf elf »heruntergebrochen« (vgl. Psalm 15,1–5); mit Jesaja lässt sich von nur sechs Geboten sprechen, die alle anderen in sich aufnehmen (vgl. Jesaja 33,15); Micha 6,8 wird zitiert, brachte er sie doch »auf drei, denn es heißt: *Er hat dir gesagt, o Mensch, was gut ist, und was Adonai von dir verlangt: nichts als Recht üben und die Güte lieben und demütig wandeln vor deinem Gott.* Das ist gar nicht weit entfernt von der Zusammenfassung durch Jesus im Doppelgebot der Liebe, für die ihn ein Schriftgelehrter lobt (vgl. Markus 12,32). Auch rabbinisch gibt's die Zweierform, sofern der Geist der Tora in Jesaja 56,1 enthalten ist: *So spricht Adonai, wahret das Recht und übt Gerechtigkeit.* Doch damit nicht genug. »Alsdann kam Amos und brachte sie auf eins, denn es heißt: *So spricht Adonai zum Hause Jisrael: Forscht nach mir, damit ihr am Leben bleibt*«(Amos 5,4). Und wie zur Bestätigung für die Möglichkeit, alle *Mizwot* in einer einzigen wie in einem Brennglas zu bündeln, wird noch Habakuk in der Diskussion aufgerufen: »… hierauf kam

Habakuk und brachte sie auf eines, denn es heißt: *Der Fromme wird durch seinen Glauben leben«* (Habakuk 2,4).

Und doch: Wie ihre Komprimierung gehört zum Geist der *Tora* ebenso ihre Entfaltung in zahlreichen Einzelge- und -verboten. Ein- und Ausatmen gehören zusammen; erst Systole und Diastole machen den Herzschlag aus. Nur in dieser Bewegung lebt auch die Tora. Die 613 Ge- und Verbote sind unverzichtbar, denn – so wird im selben Traktatabschnitt im Namen Rabbi Schimlais gelehrt: »613 Vorschriften sind Mose überliefert worden, 365 Verbote entsprechend den Tagen des Sonnenjahres; und 248 Gebote entsprechend den Gliedern des Menschen.« Das ist der Geist der 613: Der ganze Mensch, in all seinen Tagen, soll geheiligt werden und durch ihn die Welt. Dieser Geist erlaubt keine Scheidungen des Menschen – etwa platonisierend – in Sphären mit graduell abnehmender Dignität. Oder bürgerlich gewendet: in eine nur private Sphäre einerseits und eine öffentliche andererseits; eine Scheidung des Menschenlebens als Humankapital unter der Woche, während zwecks Kompensation derartiger Zumutungen dann noch eine irgendwie »humane« Wochenendexistenz zugestanden wird, die auch Platz fürs Sentiment und spirituelle Anmutungen haben mag …

Der Geist der 613 *Mizwot* ist einer mit hohem Sinn für Verbindlichkeit – auch deshalb unlösbar von den Buchstaben der Tora. Denn nur was auch mit dem »Körper« der Buchstaben verbunden bleibt, taugt zum Vertrag; und was vertraglich sein kann, ist verbindlich für die Lebensverhältnisse.

Die Lektionen des Lehrhauses »in Sachen« Spiritualität, als Fragen an die Suchenden formuliert, könnten also lauten: Wie hält es die gesuchte Spiritualität mit der Alltagstauglichkeit? Empfiehlt sie sich vornehmlich als »Sonntagskind«? Ist sie buchstabengestützt und mit diesen versöhnt? Ist sie »ganzheitlich«, also auch: Hat sie Sinn für soziale und ökonomische Verbindlichkeit? Dann wird sie ein Seufzen vermutlich nicht los. Ist also in ihr auch Platz fürs Klagen und Anklagen? …

Nur dann dürfte solche Spiritualität nicht eine Aura von Vertröstung entfalten, sondern die Kraft zum Trösten und Verändern wachsen lassen.

משנה ב׳;
עשרים ושתים אותיות חקקן חצבן
שקלן והמירן צרפן צר בהם נפש כל
היצור ונפש כל העתיד לצור;
100

37
Ars moriendi bei den Rabbinen? Sterben – Leben – Versöhnung

Denker der Antike versuchten nicht nur, das Sterben »irgendwie« zu bewältigen; einige entwickelten darüber hinaus sogar eine *ars moriendi:* Sterben als »Kunst«! Für bedeutsame Philosophen unserer Epoche war die Konfrontation mit dem Sterbenmüssen von entscheidender Bedeutung. Für Martin Heidegger (1889–1976) war es die Quelle einer Urangst und Sorge, die das ganze Dasein durchzieht. Für Jean-Paul Sartre (1905–1980) besteht der Tod in radikaler Beziehungslosigkeit. Der Ernst und auch der Mut, der in solchem Denken seinen Ausdruck findet, verdienen Respekt. In dieser Spur sprachen und sprechen Theolog:innen davon, dass sich im Moment des Sterbens das ganze Leben wie in einem Brennglas bündele. Im Sterben wird nichts weniger als der eschatologische, der endgültige Moment für die Einzelnen gesehen; so als käme hier und jetzt die ganze Wahrheit eines Lebens zum Vorschein. Ob auf diesen Gebieten vielleicht dann doch allzu neugierig spekuliert wird, wird man fragen dürfen; dass Menschen für die Sterbebegleitung daraus dennoch etwas lernen, bleibt zu hoffen.

Rabbinische Tradition – und Gegenwart! – scheinen eigentümlich quer zu diesen Perspektiven und Gestimmtheiten zu liegen. Rabbiner Yehuda Aschkenasy (1924–2011) aus den Niederlanden hat bei einer Landessynode der Evangelischen Kirche im Rheinland eine Geschichte erzählt, die vom Sterben des Chaim von Wolozhin (1749–1821), eines berühmten litauischen Gelehrten, handelt. Genauso wichtig wie die Geschichte scheint uns der Zusammenhang, in dem sie weitererzählt wird: Aschkenasy, selbst Überlebender von Auschwitz und Buchenwald, war in den späten 1970er-Jahren angefragt worden, den kirchlichen Umkehr-Prozess zu begleiten, die Beziehung von Christen und Juden neu zu entwerfen. Gegen eigene massive innere Widerstände, die bis ins Körperliche reichten, hat er den Weg aus den Niederlanden nach Deutschland zurückgelegt. Nach 25 Jahren, in denen der Beschluss der rheinischen Landeskirche breit und stark auch in andere Kirchen bis hin nach Kanada gewirkt hat, sprach er zu den Synodalen ein bewegendes Grußwort. Er beschloss es mit der Erzählung von Chaim Wolozhin. »Von Chaim von Wolozhin, dem berühmten Gründer der Talmudhochschule in Wolozhin in Litauen, wird erzählt, dass er so viele gute Taten in seinem Leben verrichtet hatte, dass, als er im Sterben lag, die Engel ihn holten, um ihn direkt ins Paradies zu bringen, in den Garten Eden. Chaim von Wolozhin verweigerte dies. Er wollte nicht ins Paradies eintreten. Und sie fragten natürlich: Warum nicht? Er sagte: Wenn meine Schüler, die Lehrer der Jeschiwa, der Talmudschule, nicht dieselbe Behandlung bekommen wie ich, dann will ich's nicht. Man lässt ihn warten; dann bekommt er Antwort: Es ist gut, sie werden auch so behandelt werden. Aber wiederum weigerte er sich einzutreten. Da fragte man, was ist nun? Darauf sagte Chaim von Wolozhin: Es geht nicht um die Schüler allein, es geht auch um die Väter und Mütter der Kinder. Die haben sie zu mir geschickt und ohne sie – wie hätte ich Tora unterrichten können?! Wieder ein langes Warten; dann bekommt er die Antwort: Dein Wunsch wird erfüllt, aber komm nun! Aber wiederum weigerte sich Chaim von Wolozhin zu gehen. Darauf fragten sie ihn: Was ist jetzt noch? Da sagte er: Aber was ist mit den Gojim, den Menschen aus den Völkern, in deren Mitte wir wohnen dürfen, und die uns die Möglichkeit gaben, die Jeschiwa zu unterhalten, die Lehrer, die die Kinder unterrichten und mit ihnen leben? Auch die müssen dieselbe Behandlung bekommen. Danach musste er sehr lange warten. Dann bekam er folgende Antwort: Die Zeit ist noch nicht erfüllt. Dein Wunsch wird nicht erfüllt, denn die Zeit des Messias ist noch nicht angebrochen.

Die Überlieferung berichtet, dass seitdem die Seele des Chaim von Wolozhin vor den offenen Toren des Himmels steht in Gebet und Erwartung der endgültigen Erlösung.«

Befragt man diese Erzählung auf das hin, was sie für eine *ars moriendi* hergibt, fällt uns viererlei auf:

1. Der Akt des Sterbens kümmert den Rabbi anscheinend gar nicht.

2. Das Motiv, abgeschnitten und vereinzelt zu sein, kommt auch hier vor; doch wie anders gewendet! Der Wolozhiner fürchtet nicht so sehr die Einsamkeit im Tod als vielmehr die im Paradies! Ihn sorgt nicht sein eigenes Ende, sondern die Zukunft der anderen, der Seinen. Deshalb verschiebt er den Eintritt in den Himmel. Ein Gerechter kommt anscheinend nicht allein im Himmel an. Die Seinen, das sind zuerst – für die Rabbinen ebenso selbstverständlich wie bezeichnend – die Schüler, die mit ihm zusammen gelernt haben. Lernen und Lehren ist rabbinisch mehr als ein didaktisches Unterfangen.

Die sich um die Tora versammeln, werden über die Lern- und Lehr- zu einer Lebensgemeinschaft. Diese Ausstrahlung und Anziehungskraft bezieht weitere Kreise mit ein, hier etwa die Eltern und Familien.

3. Diese Tora-Lerngemeinschaft eröffnet zugleich Perspektiven und Bedürfnisse, in gewisser Weise sogar »Ansprüche« über den Tod hinaus. Wenn Rabbi Chaim den Garten Eden auch für die Schüler offen wissen will, übt er diskret Druck auf den Himmel aus. Offensichtlich passt es auch in himmlischen Sphären nicht gut, wenn ein Frommer, Gelehrter und Gerechter wie Chaim »draußen vor der Tür« sitzen bleibt.

Also wird seinem Willen gleich zweimal entsprochen. Oder sollte man sagen: Angesichts der Tora und ihrer Liebhaber wird offensichtlich auch der Himmel schwach …?

4. Über die ganze Welt der Völker, der → *Gojim,* aber erfolgt noch kein Bescheid. Die Konsequenz für Chaim ist klar. Er verschiebt seinen Eintritt bis auf Weiteres. Das ist verstörend, zumal sich christlich immer wieder die Vorstellung ins Bewusstsein drängt, das definitive Heil für alle doch am besten heute schon verbindlich zusagen zu müssen. Wäre das nicht der wahre Trost im Sterben?! Und sollte dabei nicht endlich auch ein Wort der Versöhnung mit den NS-Tätern ausgesprochen werden? Einige theologische Stimmen mahnen das an. Doch hier berühren sich jüdische mit kirchlichen Traditionen in Klugheit und Besonnenheit. Die Lehre von der Allversöhnung wurde kirchlich nie dogmatisiert, so als wäre alles geklärt und erledigt. Die Frage, ob alle endgültig gerettet sind, ist auch kirchlich bis heute offen. Jede Praxis verlöre sonst ihren Ernst und ihre Dignität. Das hartnäckige Sitzen des Chaim von Wolozhin, eines Gerechten, kann lehren, frommen und geistlichen Versuchungen zu widerstehen. Gegen den Wunsch, Heilssicherheit schon hier und heute zu haben, bleibt nüchtern festzuhalten: Christen befinden sich im Prozess der Umkehr und nicht an seinem Ziel. Zeit ist den Nachgeborenen gnädig gewährt, doch auf Bewährung hin gestundet.

100
משנה ג׳ז
עשרים ושתים אותיות יסוד חקוקות
בקול חצובות ברוח קבועות בפה בחמש
מקומות אחהע בומף גיכק דטלנת זסשרץ

38
Konkrete Weitergabe der Tora: einen Zaun ziehen

»Mose empfing die Tora vom Sinai und überlieferte sie Jehoschua, Jehoschua überlieferte sie den Ältesten, die Ältesten den Propheten und die Propheten den Männern der großen Versammlung. Von diesen sind drei Worte überliefert: Sprecht wohlüberlegt Recht, bildet viele Schüler aus und errichtet einen Zaun um die Tora« (Mischna Awot 1,1).

Woran hält sich, wem alles abhanden gekommen ist? Wodurch hat Bestand, wem der Boden unter den Füßen weggezogen wurde? Wo und wie findet man Gott, wenn die Spuren zum Ort verwischt und der Ort selber verwüstet wurde, an dem Er/Sie ansprechbar war? Nicht jeder muss befürchten, einmal im Leben mit solchen Fragen konfrontiert zu sein. Die Juden des ersten nachchristlichen Jahrhunderts aber waren es. Zwei Rebellionen gegen die römische Übermacht endeten im Desaster. Die Kriege der Jahre 70 und 132 bis 135 wurden vom römischen Imperium zu seinen Gunsten entschieden. Der Tempel, an dem Gott seinen Namen wohnen ließ, war dem Erdboden gleichgemacht, den Juden der Zugang zur Stadt Jerusalem verboten. Mit dem geraubten Tempelinventar wurden die deportierten Juden im Triumph als Trophäen durch Rom geführt – und mit ihnen auch ihr Gott. Unter diesen Bedingungen ringen die Nachfolger der Pharisäer, die Rabbinen, um die Existenz und Identität des Gottesvolkes. In dem »Grundlagen-Traktat« der Mischna, den *Pirke Awot* (Sprüche der Väter), formulieren sie drei lebenserhaltende

Maßnahmen: 1. Sprecht wohlüberlegt Recht, 2. bildet viele Schüler aus, und 3. errichtet einen Zaun um die Tora.

Die Tora des Mose, weitergegeben von Generation zu Generation, darf nicht zu einer abgehobenen fetischähnlichen Größe werden. Sie will und soll durch konkrete Rechtsprechung im Alltag gelten und eine ganze Lebensform prägen. Das bereitet die spätere Einsicht vor: Mehr als Israel die Tora trägt, trägt sie Israel …

Gab es nichts Dringlicheres zu tun, als in einer Situation der Bedrohung Schüler heranzubilden? Das Judentum setzt aber genau darauf: Das Lernen – in dieser Ausprägung unvergleichbar jeder anderen Religion und Kultur – wird in höchstem Maß zu einem Akt religiöser Praxis, ja es wird Gottesdienst. Deshalb tragen orthodoxe Juden wie beim Betreten der Synagoge auch beim Studieren der Tora die Kippa, also eine Kopfbedeckung.

Bleiben die »Zäune« um die Tora zu ziehen. Das meint nun nichts anderes als Verschärfungen religionsgesetzlicher Bestimmungen. Damit etwa die Sabbatruhe dann nicht doch »angenagt« wird und sich unbemerkt eine Praxis der Selbstversklavung – ganz sanft, schleichend – etabliert, werden beispielsweise die Schritte gezählt, die mit Sicherheit diesen Zeit-Raum nicht verlassen. Es werden die Tätigkeiten benannt, die den besonderen, den ganz anderen Charakter dieses Tages gefährden könnten und vieles mehr.

Kann ein moderner, aufgeklärter Mensch anders denn skeptisch, gar allergisch darauf reagieren? Wird durch solches Zäuneziehen nicht eine Dynamik des Zwangs entfesselt? Ethisch bedacht: Werden im Sog des Umzäunens nicht Sekundärtugenden ununterscheidbar von dem, worauf es »eigentlich« ankommt? Und christlich-theologisch kaum zurückzuhalten: Fördert solche »Gesetzlichkeit« nicht Werk- und Lohngerechtigkeit? Gerade der letztgenannten fürsorglichen Befürchtung bedürfen die Rabbinen allerdings kaum. Denn gleich in der Folge dieser »Maßnahmen« schärft Simon der

Gerechte ein, dass nur die absichtslose »Ehrfurcht vor dem Himmel« und keinesfalls das Spähen auf seinen »Lohn« das eigene Tun motivieren dürfe … (Mischna Awot 1,1).

Und dennoch: Das Bild vom Zäuneziehen provoziert unsympathische Assoziationen der Einschränkung und Begrenzung. Zu fragen ist allerdings, ob solche spontan-libidinösen Reflexe erwachsen zu nennen sind. Wenn jede Art von Begrenzung von vornherein negativ bewertet wird, steht es schlecht um einen Sinn auch für Differenzen und Differenzierungen. Doch ohne diese auszumachen und ressentimentfrei zu leben, dürften Kultur und Kritik nicht mehr möglich sein … Und wo aus vermeintlich emanzipatorischem Geist Sekundärtugenden nicht nur von Primärtugenden unterschieden werden, was unabdingbar ist!, sondern auch praktisch abgeschrieben werden, scheint Wichtiges übersehen: beider Verwiesenheit aufeinander. Ständiges Zuspätkommen einiger Gruppenmitglieder beispielsweise, chronisch vorlautes Dreinreden und ähnliches Verhalten sind eben nicht nur lästig. Auch hier gilt, dass Quantität in Qualität umschlagen kann, dass etwa eine Atmosphäre des Austauschs und der Offenheit zerstört wird. Schon ein Handy-Klingeln im Konzert reicht aus, musikalische Höchstspannung zu zerstören. Schlichte Enthemmung befördert eben nicht einfach Befreiung, sondern auch Repression (vgl. Herbert Marcuse).

Die rabbinischen »Zäune« zeugen vom Bewusstsein für solche dialektischen Zusammenhänge. Und motiviert Ähnliches nicht auch Jesus, wenn er seine »Zäune« um die Tora des Mose zieht: *Ich sage euch dazu: »Jeder, der seinem Bruder auch nur zürnt … Jeder, der eine Frau begehrlich anblickt … Wenn dich dein rechtes Auge zum Bösen verführt …* (Matthäus 5,22.27f)?

משנה ד׳:
עשר ספירות בלימה עשר ולא תשע
עשר ולא אחת עשרה הבן בחכמה וחכם
בבינה בחון בהם וחקור מהם והעמד
דבר על בוריו והשב יוצר על מכונו:
200

39
»Kein leichtes Wort« – das Wort Gottes übersetzen und weitergeben

Rufmord kann dem Mord vorausgehen – oder aber erledigt ihn auf seine Weise: durchs Wort. Keine Frage, unser Sprechen hat Macht und Wirkung. Es bringt nicht nur Gestimmtheiten, Meinungen und letztlich Lebensverhältnisse zum Ausdruck, sondern bringt all das auch hervor. Wer spricht, greift ein in Lebenszusammenhänge: zum Segen oder Schaden, zur Beförderung von Gerechtigkeit oder Repression. Ein Beispiel: Tora steht im → *Tanach* für einen ganzen semantischen Kosmos. Psalm 119 kann das vor Augen führen. Der Psalm kennt mindestens acht Vokabeln, um das Gemeinte zu umschreiben. Weisung, Gebot, Rechtsentscheid, Wort, Spruch, Anordnung, Zeugnis, und jede Vokabel changiert in ihrer Bedeutung noch einmal je nach Kontext. So kann auch eine Verheißung gemeint sein oder ganz allgemein Offenbarung. Wenn das damit aufgespannte komplexe Bedeutungsfeld christlich aber auf den einen Begriff *nomos* (Gesetz) reduziert und theologisch zu einem elementaren Gegensatz Gesetz – Gnade aufgespreizt wird, womöglich noch mit Konnotationen des alltagssprachlichen Verständnisses von Gesetz angereichert, dann hat solches Übersetzen mitgewirkt an einer antijüdischen Voreingenommenheit im christlichen Abendland. Dessen Feindseligkeit konnte mit dem Antisemitismus des 19. Jahrhunderts fast widerstandslos fusionieren.

Diese Verhältnisse verschärfen sich, wenn der Name Gottes im Mund geführt wird und das eigene Sprechen mit diesem nicht mehr überbietbaren Anspruch auf Autorität auftritt. Deshalb auch das scharf formulierte Verbot im Dekalog: *Du sollst den Namen Adonais, deines Gottes, nicht missbrauchen; denn Adonai verschont niemanden, der seinen Namen missbraucht* (Exodus 20,7). Dieses Missbrauchsverbot wird leicht auf jede Bibelübersetzung übertragbar, zumal wenn man die jüdisch-mystische Vorstellung aufnimmt, nach der der biblische Text nichts anderes darstellt als die gigantische Permutation des Gottesnamens. Der gesamte Buchstabenbestand der Tora ist danach die Summe der geheimen Namen Gottes. Anders formuliert: In allen Versen und Abschnitten klingt der *eine* Name verborgen an … Wer aber wagt es da noch, sich ans Übersetzen zu begeben?

Fast aussichtslos erscheint solches Unterfangen nach dem, was sich bei den Rabbinen wie eine Summe von zerknirschter Übersetzungserfahrung liest. Im babylonischen Talmud heißt es im Traktat Kidduschin 49a: »Wer einen Schriftvers wörtlich übersetzt, ist ein Lügner, und wer etwas hinzufügt, ist ein Lästerer.« Ist das Übersetzen der Tora also unmöglich? Sollte man es nicht ganz lassen? Die jüdisch-orthodoxe Entscheidung für den Gottesdienst lautet in der Tat: Seine Sprache ist das Hebräisch der Tora, denn das war schon für die Rabbinen die »heilige Sprache« *(laschon hakodesch).*

Doch ist es zugleich dieselbe Tora, die von Gott erzählt als dem, der Seinen Namen *mitgeteilt* hat; gewiss geheimnisvoll und verborgen, doch unzweifelhaft, um von den Menschen gehört zu werden. Ja, der Name, wie die Geschichte vom Dornbusch deutlich macht, ist nichts anderes als die Verheißung seiner Nähe (vgl. Exodus 3,14). Der transzendente, in keinem Bild fassbare, in keinem Namen wie mit einer magischen Formel verfügbar zu machende Gott ist danach einer, der sein Volk begleitet und bei ihm wohnen will. Solche gewünschte Nähe aber verlangt, in Worte gefasst, erzählt und weitergegeben zu werden. Schließlich gilt mit Rabbi Jischmael: »Die Tora spricht in der Sprache der Menschen«, sie ist frohe Botschaft für die Menschen und will verstanden werden.

Ein Dilemma tut sich auf: Der biblische Text *kann* gar nicht »adäquat« übersetzt werden, will aber verständlich und nah sein. Er muss also übersetzt werden: sprachlich und im weiteren Sinn transponiert werden in jeweils neue Kontexte. Wie ist aus diesem Dilemma herauszukommen? Vielleicht kann der folgende Midrasch weiterhelfen: »Ich habe«, so heißt es hier von Gott, »zu euch gesagt: *Lasst sie (für) mich eine Gabe nehmen* (Exodus 25,2), so dass ich unter euch wohne, wie es geschrieben steht: *Und sie sollen mir ein Heiligtum machen, damit ich in ihrer Mitte wohne* (Exodus 25,8). Er, so wie es steht, sprach kein leichtes Wort zu ihnen: Nehmt mich, damit ich unter euch wohne. Lasst sie eine Gabe nehmen, steht nicht geschrieben, sondern: *Lasst sie mich (als) Gabe nehmen,* also ich bin es, den sie nehmen« (Midrasch Tanchuma Emor 17). Doch wiederholt sich mit diesem Midrasch nicht nur das Problem der unmöglichen, doch notwendigen Übersetzung? Denn wie kann *diese* Gabe, die Gott selber ist, *genommen* werden?

Auf der Ebene des gottesdienstlichen Handelns in der Synagoge sieht die Lösung so aus: Die Torarolle wird nicht mit bloßen Händen angefasst. Unmittelbares Greifen nach dieser Gabe findet nicht statt. Nur vom → *Tallit* (dem Gebetsmantel) bedeckte Hände können es wagen, die Tora zu berühren. In dieser Geste lebt ein Bewusstsein dafür, dass man sich am Wort Gottes auch vergreifen kann, wenn der Abstand des nahe kommenden Namens achtlos übersehen wird. Falsche Nähe entsteht, wenn der Umgang mit der Tora zu selbstverständlich-vorbehaltlos und in der Folge trivialisiert würde. Gerade das macht unrein, will heißen: kultunfähig, unfähig zur Begegnung, unfähig zum Empfang dieser Gabe (vgl. Traktat Schabbat 14a).

Fürs Übersetzen des Gotteswortes könnte das heißen: Es kann nur stattfinden im Bewusstsein, zwischen Lüge und

Lästern wie ein Weberschiffchen hin und her zu eilen und dabei ein Übersetzungsgewebe – einen Text – entstehen zu lassen. Der nimmt die Gabe diskret auf, wie sich ein guter Kommentar dem Text anschmiegt und die Differenz zu ihm nicht verwischt. Das Wort Gottes bleibt verborgen, wie die Tora dem Zugriff nackter Hände entzogen bleibt. Nur in solchem Bewusstsein wird das durchaus verletzliche Wort Gottes nicht missbraucht. Dann aber und nur dann kann es sein, dass es aus den Übersetzungen neu zu hören ist: gewiss »kein leichtes Wort« …

200

40
Der große »Unfall«: Vom Weinen, Wimmern und Singen in einer zerbrochenen Welt

An den Strömen Babels – dort saßen wir und weinten, wenn wir uns an Zion erinnerten. An die Pappeln mitten darin hängten wir unsere Leiern (Psalm 137,1).

Als sei Zynismus ein Bruder des Sieges: Von den nach Babylon Deportierten wurde verlangt, dass sie Lieder über Jerusalem sängen … Da versagt ihre Stimme, und die Instrumente werden aus der Hand gelegt. Musik passt nicht immer. An den Strömen Babels war die verlorene Heimat Jerusalem nur in den Tränen präsent.

Gewiss: Auch Trauer und Klage, Anklage und Protest können sich musikalisch Gehör verschaffen. Doch ganz elementar sind Singen und Musizieren eben doch zu allererst Ausdruck von Lebenskraft und -freude. Biblisch scheint das ganz eingelassen in eine »Matrix« von Bedrohung und Rettung, von Unterdrückung und Befreiung. Deshalb finden sich auch Weinen und Singen bis zur Ununterscheidbarkeit nah beieinander. Als nach dem Exil zur Zeit des Esra der Grundstein für den neuen zweiten Tempel gelegt wurde, war der Jubel groß. *Und das ganze Volk jauchzte wegen der Errichtung des Hauses Gottes mit lautem Jubelgeschrei im Lobgesang für Gott. Und viele aus den Priesterfamilien, den Levitenfamilien und von den Familienoberhäuptern und Ältesten, die das erste Haus gesehen hatten, weinten mit lauter Stimme, als der Grundstein dieses Hauses vor ihren Augen gelegt wurde. Viele aber erhoben in frohem Jubel ihre Stimme. Und niemand im Volk konnte die Stimme des Freudenjubels vom Weinen im Volk unterscheiden …* (Esra 3,11b–13a).

Bezeichnenderweise fordern die vermutlich ältesten Verse der Bibel zum Singen und Tanzen auf: Mirjam, die Prophetin und Schwester von Mose und Aaron nahm nach der so unglaublichen dramatischen Rettung am Roten Meer ihre Pauke zur Hand und alle Frauen folgten ihr, sie trommelten und tanzten. Und Mirjam sang ihnen vor: *Singt Adonai, denn hoch stieg er, hoch. Rosse und Reiter warf er ins Meer* (Exodus 15,21). Dieser Jubel bedarf keiner Erklärung und schon gar nicht irgendeiner Rechtfertigung. Die abgrundtiefe Angst, dann doch noch von der Streitmacht des Pharao eingeholt zu werden, klingt im Jubel nach. Unmittelbar zuvor waren die Tanzenden noch Gehetzte und Bedrohte; eben erstickte der Schrecken noch die Stimme derer, die jetzt singen. Sollte nicht auch der Himmel in diesen Jubel einstimmen? Schließlich sprach der Ewige doch: *So will ich am Pharao und seiner ganzen Streitmacht, an seinen Streitwagen und Reitern meine Herrlichkeit erweisen* (Exodus 14,17). Die Engel waren in dieser dramatischen Flucht sehr engagiert und den Flüchtenden aufs Engste verbunden. Als die Verfolger den Israeliten zu nahe kamen, *veränderte der Engel Gottes, der den Israeliten vorauszog, seinen Platz und trat hinter sie. Auch die Wolkensäule vor ihnen wechselte und trat hinter sie, so dass sie zwischen das Heer der Ägypter und das Lager der Israeliten zu stehen kam* (Exodus 14,19f). Endlich einmal reiner ungeteilter Jubel? Und wenn nicht hier, wo dann?!

Rabbinisches Nachdenken macht es sich nicht leicht. Im babylonischen Talmud wird in einem kurzen Abschnitt im Traktat Sanhedrin solch reiner Jubelgesang erörtert. Rabbi Acha ben Chanina hält mit der Schrift fest: *Wenn die Gottlosen umkommen, ertönt Jubel* (Sprüche 11,10). Doch sogleich wird im Lehrhaus die Frage aufgeworfen: »Freut sich denn der Heilige, gepriesen sei er, über das Unglück der Gottlosen?, es heißt: *während sie vor den Kampfgerüsteten einherzogen, sprachen sie: Danket dem Herrn, denn ewig währt seine Gnade* (2 Chronik 20,21), und hierzu sagte Rabbi Jonathan: Weshalb stehen in diesem Dankspruch nicht (auch die Worte): *denn er ist gütig?* (wie in Psalm 118,1). Weil der Heilige, gepriesen sei er, sich nicht über das Unglück der Gottlosen freut ... die Dienstengel wollten dann vor dem Heiligen, gepriesen sei er, das Lied anstimmen, da sprach der Heilige, gepriesen sei er, zu ihnen: Mein Händewerk ertrinkt im Meer und ihr wollt vor mir das Lied anstimmen?« (Traktat Sanhedrin 39b).

Gesang und Musik passen nicht immer ... Doch in der gleichen Diskussion wird auch festgehalten, dass sich der Jubel der aus Todesgefahr Geretteten nicht einfach verbietet. Während sie jubeln dürfen, übernimmt der Himmel einen Vorbehalt zugunsten der umgekommenen Kreatur. Uneingeschränkte vollkommene Musik, reiner Jubel stehen rabbinisch nach wie vor aus, vermutlich solange, bis einst ein rauer, klagender und gepresster, schriller und schräger Ton erklingen wird, ein Signal, das das Neue Jahr ankündigt und am Versöhnungstag erschaudern lässt: der Schall des Schofarhorns (→ *Schofar*). Das ist ein Widderhorn, das als Instrument gebraucht wird; es wird auch und endlich das Ankommen der messianischen Zeit ankündigen. Und die wird auf eine Zeit reinen vorbehaltlosen Jubels zuarbeiten.

Dass angesichts umgekommener Verfolger im Himmel nicht gejubelt wird, mag nachvollziehbar sein. Doch weint und wimmert Gott auch?

Die hochgespannten messianischen Hoffnungen des 17. Jahrhunderts, die durch den Pseudo-Messias → *Schabbatai Zwi* wachgerufen worden waren, fanden keine Erfüllung. Im Gegenteil, sie führten an den Rand der Katastrophe. In späteren → Chassidismus, einer Art jüdischer Erweckungsbewegung seit dem 18. Jahrhundert, wird die immense Hoffnung auf Rettung verinnerlicht. Zugleich geschieht etwas, was heute – glücklich oder weniger glücklich – »Selbstermächtigung« genannt würde. Die Nachkommen der Enttäuschten, die selber oft genug in prekären ärmlichen Verhältnissen des Stetls lebten, entwickeln Empathie für die → *Schechina,* die Einwohnung Gottes im Elend des Exils. In der neuzeitlichen → Kabbala des Rabbi Isaak Lurja (1534–1572, genannt *Ari,* der »Löwe«) und im Chassidismus als einer jüngeren Gestalt der jüdischen Mystik begegnet ein antiker gnostischer Mythos, der jüdischem Denken anverwandelt wurde. Danach geschah bei der Schöpfung ein Unfall: Der göttliche Funkenstrom konnte von den Gefäßen, in die er gegossen wurden, nicht aufgenommen werden. Die Gefäße zerbrachen, und der Strom göttlichen Lichts floss über; seine Funken zerstoben in die Materie hinein, wo sie sich seitdem im Exil befinden – ganz so, wie sich die Juden nach der Zerstörung des zweiten Tempels in der Welt zerstreut haben. In Akten der → *Kawwana,* der Hingabe und Inbrunst, werden diese göttlichen Funken, verloren in den Exilen der Welt, von den Chassidim zu befreien gesucht. Die erfahrene eigene Repression transformiert sich in das Erbarmen mit einem Gott, mit seiner *Schechina,* die ihrerseits solcher Befreiung aus dem Exil harrt. Aus der eigenen Niedrigkeit heraus werden die »gefallenen« Funken zu erheben gesucht. Nicht zuletzt können ekstatischer Gesang und Tanz dabei Wege sein, die auf ein göttliches Wimmern in der Welt antworten.

Im 20. Jahrhundert, nach der → *Schoa,* knüpfte der aus Deutschland stammende jüdische Philosoph Hans Jonas (1903–1993) in seinem Buch *Der Gottesbegriff nach Auschwitz* (1984) von neuem an diesen Mythos an: »Nachdem er sich ganz in die werdende Welt hineingab, hat Gott nichts mehr zu geben: Jetzt ist es am Menschen, ihm zu geben.«[21]

Hans Jonas, Der Gottesbegriff nach Auschwitz. Eine jüdische Stimme, Frankfurt a. M. 1984

300
יצר מתוהו ממש ועשה אינו ישנו
וחצב עמודים גדולים מאויר שאינו
נתפש וזה סימן צופה ומימר עושה כל
היצור ואת כל הדברים בשם אחד
וסימן לדבר עשרים ושתים מניינם
וגוף אחד:
סליק פרקא תניינא

41
Ertrag der Erwählung für alle oder: Universalität, biblisch und rabbinisch

Wie gehören wir mit den anderen zusammen? Christlich wird man – reflexhaft (?) – an ein großes, utopisches Wir denken, das alle umfasst ganz nach der Melodie »Zieht den Kreis nicht zu klein …« Passt dahinein die Idee der Erwählung eines besonderen Volkes? Oder wirkt sie mit Blick aufs große Wir nur noch provokativ?

Die Partikularität der Juden, ihre beharrliche Weigerung, sich mit dem Imperium Romanum zu arrangieren und einfach Volk unter dessen Völkern zu sein, ließ Ressentiments wachsen. *Odium humani generis,* Hass aufs Menschheitsgeschlecht, bescheinigte man dem Judentum. Diese Diktion zeigt die Betriebstemperatur der Frage an, wie's um die Erwählung in einem großen Wir stehen kann …

Vielleicht kein Hass (oder doch?), doch »Erwählungsreserven« und »-verdächtigungen« leben auch in der Moderne fort. Die bürgerlichen Revolutionen konnten bekanntlich mit ihrer Idee des *Menschen* den *Juden* nicht versöhnen, die sozialistischen weithin auch nicht. Freiheit und Rechte ohne Diskriminierungen gab's nur für Erstere.

Und wird die Geschichte der Bibel nicht oft genug noch von Christen auf folgende Weise kurz gefasst: Mit Adam und Eva, Noach und auch noch Abraham fing alles in universaler Weite an, bis es zu einer Art »mosaischer Verengung« kam: Im Auszug aus Ägypten formierte sich Israel als Gottes ureigenstes Volk mit einer langen Geschichte im verheißenen

Land, in Babylon usw. Schwer hatten es die Propheten, ans Universale zu erinnern, bis endlich Jesus diese Geschichte wieder menschheitsweit zum Heil öffnete ... In solchen Narrativen, die in vielen christlichen Ohren wohl immer noch harmlos klingen, leben unbewusst und ungewollt, wie wir annehmen, Ressentiments über Ressentiments fort. Die erkennt man an ihren Vergesslichkeiten und blinden Flecken.

Die weite Sicht von Genesis 1 ist doch eine, die aus der so einzigartigen Beziehung dieses Volkes aus Geflüchteten zu JHWH hervorgegangen ist! Es waren israelitisch-jüdische Theologen, die die Schriften so komponiert haben, dass die Menschheit vorangestellt ist! Und selbst die Großmächte Ägypten und Assyrien, die lebensbedrohlich für Israel waren, konnten »Volk Gottes« betitelt und gesegnet werden: *Gesegnet ist Ägypten, mein Volk, und Assur, das Werk meiner Hände, und Israel, mein Erbbesitz* (Jesaja 19,25). Und längs durch den Psalter sind die Völker der Welt präsent. In Psalm 100,1–3 wird aufgerufen: *Jauchzet Adonai zu, alle Lande! Dienet Adonai mit Freude! ... Erkennt: Ja, Adonai, (nur) er ist Gott, er hat uns gemacht, Ihm gehören wir: Sein Volk und Herde seiner Weide.* Der Kontext legt nahe, dass hier die Völker zum Lobpreis aufgerufen sind. Dann aber – spektakulär – ist ihnen sogar die Bundesformel in den Mund gelegt, die doch die einzigartige Beziehung von JHWH und Israel charakterisiert (Erich Zenger)!

Die Erwähltheit Israels scheint in hohem Maße partizipative Züge zu haben. Und *zugleich* gilt: Durch solchen Lobpreis wird Israel von den Völkern so wenig aus seiner Auserwähltheit verdrängt, wie die nach Zion wallfahrenden Völker ihrer Identitäten beraubt werden. »Vielfalt ohne Beliebigkeit« (Jürgen Ebach) ist das biblische Motto: Denn die Beziehung zu JHWH und untereinander ist durch Recht und Gerechtigkeit bestimmt, wie sie in Zion den Völkern gelehrt werden wird (vgl. Jesaja 2,1–5). Doch das ist keine Sache erst der Endzeit. Nach der rabbinischen Auslegung der Tora sind *alle* Menschen in den Bund Gottes mit Noach aufgenommen und auf die *Noachidischen Gebote* verpflichtet (vgl. Talmud Traktat Sanhedrin 56a/b). In diesen sieben Noachidischen Geboten sind Recht und Gerechtigkeit für alle schon heute zugänglich: Recht einsetzen, kein Götzendienst, keine Gotteslästerung, kein Blutvergießen, keine Unzucht, kein Raub und keine Grausamkeit gegen Tiere. Diese Gebote entstammen, obwohl nicht gerade unvernünftig, dennoch keiner reinen Vernunftethik, wie sie der Mensch qua Natur und eben Vernunftbegabung hervorbringen könnte. Es ist ein Konzentrat, »die Summe seiner Tora«, die Israel den anderen Völkern anbietet (Klaus Müller). Wer sie realisiert, ist ein Gerechter, und alle Gerechten aus den Völkern werden »Anteil an der kommenden Welt« haben, ganz ohne die 613 Ge- und Verbote Israels zu erfüllen.

Nicht nur Einzelne haben eine Zukunft vor Gott, auch ganze Völker. Im Traktat Pesachim 118b des babylonischen Talmud spricht Raw Kahana im Namen seines Vaters: »… Dereinst wird Mizrajim (Ägypten) dem Messias ein Geschenk darbringen, er aber wird die Annahme verweigern wollen.« Diese Szene kann irritieren: Warum lehnt der Messias Ägyptens Gabe ab? Seine Reserviertheit hat ihren Grund in seiner Erinnerung an die Sklavenhalterschaft Ägyptens, die offensichtlich nicht einfach mit einem Geschenk vergessen zu machen ist. »Alsdann wird der Heilige, gepriesen sei er, zum Messias sprechen: Nimm es (doch) von ihnen an, denn sie haben meinen Kindern in Mizrajim Gastfreundschaft gewährt.« Und in talmudischer Kürze folgt: »Es kommen Vornehme aus Mizrajim« (Psalm 68,31). Die Repräsentanten Ägyptens sind also in der messianischen Zeit doch dabei.

Nicht ohne Mühe ringt der Traktatabschnitt weiter: auch um die Anwesenheit Kuschs (Äthiopiens) und letztendlich sogar um eine Chance für das »wilde Tier« Rom.

Was für eine Idee von Universalität, einem großen Wir der Völker, begegnet hier! Der Messias zögert, und selbst Gott beginnt zu argumentieren; um jedes einzelne Volk wird gerungen. Nicht in grenzenloser messianischer Gnade oder generöser Amnestie (was schnell klingt wie Amnesie …) wird universale Einigkeit dekretiert, sondern durch die geschichtlichen Erfahrungen hindurch. Eingedenk ihrer Opfer wird sie mühsam erarbeitet. In Absetzung von einer abstrakten, prinzipiellen Universalität, wie sie in der Antike im Umgang war und es in der Moderne auch ist, spricht Emmanuel Lévinas von einer »induktiven Universalität« Israels: konkret, erinnerungsstark und Identitäten wahrend, wie der Gottesknecht seinerseits den glimmenden Docht nicht löscht und das geknickte Rohr nicht zerbricht (Jesaja 42,3): Ertrag der Erwählung Israels für alle.

פרק ג׳ משנה א׳ו

שלש אמות אמש יסודן כף חובה וכף
זכות ולשון חק מכריע בנתיים:

42
Versuchungen Gottes – oder: »… dass man bestimmte Dinge auch zu weit treiben kann«

Die Versuchung, etwas tun zu wollen, das man »eigentlich« nicht will und nicht soll, ist ein Konflikt, der niemandem erspart bleibt. Der große mittelalterliche Religionsphilosoph Maimonides, Rabbi Mose Ben Maimon (1135–1204), der Rambam, sieht es als Beleg dafür an, dass Menschen freie Wesen sind. Als genügten derlei Konflikte nicht, verschärfen sie die Bibel und die rabbinische (wie auch die christliche) Tradition noch dadurch, dass sie Gott als den Einen und Einzigen bekennen, der in solche Versuchung führen kann …

Jüdisch wird statt von Versuchung von Erprobung gesprochen: der des Volkes, des Mose und gleich mehrfach von der des gerechten Abraham. So heißt es nach der Verstoßung von Jischmael und Hagar: *Nach diesen Ereignissen stellte Gott Abraham auf die Probe* (Genesis 22,1). Sie besteht in der Forderung Gottes, Abraham solle seinen nun einzig verbliebenen Sohn, den Träger der großen Verheißungen, »binden« (hebr. *akeda*/ Bindung) und auf den Altar legen (Genesis 22,1–19). Den Rabbinen gilt diese Erzählung als Inbegriff aller Erprobung, reicht sie doch in Abgründiges hinein. Was wird hier Abraham, was Jizchaq zugemutet! Werden nicht Erinnerungen an den Menschen verschlingenden Moloch wachgerufen?! Hätte die beiden trösten können, was spätere Rabbinen dazu sagten, um selber damit »fertig« zu werden? Dass – mit Psalm

11,5 – Gott nur den Gerechten prüfe, nicht die Frevler; dass – so Rabbi Jochanan – Gott wie ein Töpfer nur die festen Tongefäße aneinanderstoßen lässt, nicht die dünnen? Oder was Rabbi Jose im Namen von Rabbi Chanina meinte: dass nur die kräftigen Rinder mit schwerem Joch beladen werden, nicht aber die schwachen? (vgl. Midrasch Genesis Rabba XV, XII 1). Rechtfertigt die Erprobung, dass der Erprobte nach Bestehen spirituell auf einer höheren Stufe angelangt ist?

Doch was wäre die Alternative?

Eine zweite Gottheit, ein Satan, müsste eingeführt werden, dem all die schwierigen und dunklen Aspekte des Lebens zugeschrieben werden, auf dass der »liebe« Gott weiterhin »lieb« bleiben kann. Gewiss, auch in jüdischer Tradition tritt Satan auf. Der stichelt gegen Abraham und provoziert Gott – ähnlich wie in der Hiobsgeschichte – mit der Frage, wie fest und verlässlich denn Abrahams Gerechtigkeit sei. Doch dieser Satan bleibt im Midrasch ein weisungsgebundener »kleiner Angestellter« am göttlichen Hof. Gott ist's, von dem es heißt: *Die Gottheit prüfte Abraham* (Genesis 22,1). Und damit bleibt das Ärgernis. Jüdisch wird nicht – wie in vielen Religionen bis hin zu dualistischen politischen Weltbildern auch unserer Zeit – ein Raum eröffnet für andere Möchtegern- Götter und Halbgöttinnen, denen zugeordnet werden könnte, was Probleme macht. Das jüdische »Credo« → *Schma Jisrael* ist als letztes Wort der Märtyrer zu einem *Zeugnis* und *Bekenntnis* geworden; seiner *Form* nach aber ist es kein Credo, sondern formuliert einen Appell: *Höre Jisrael, Adonai, unser Gott, Adonai ist einzig!* Am Einen und Einzigartigen ist festzuhalten, auch wenn es zwischen Gott und Israel offene Fragen und selbst scharfe Konflikte gibt und die Widrigkeiten und Widerlichkeiten der Welt an eine Gegengottheit denken lassen. Bibel und rabbinische Tradition muten ein anstößigeres Verständnis von Gott zu als das eines nur »lieben« Gottes: Es ist einer, der auch Pharaos Herz verstocken kann (Exodus 7,3), ohne ihm allerdings die Freiheit zu nehmen, die Hebräer auch ziehen zu lassen; es ist eine, die auch Jesus in Versuchung geraten lässt (Matthäus 4,1–11); ein Gott, der rhetorisch fragt: *Bin ich nur Gott, wenn ich nahe bin – Spruch Adonais – bin ich nicht auch Gott, wenn ich fern bin?* (Jeremia 23,23). Oder: *Ich bin Adonai – und keiner sonst –, der das Licht bildet und die Finsternis schafft, der Frieden wirkt und Unheil stiftet* (Jesaja 45,7).

Gewiss, das sind Grenzaussagen, doch gehören sie zum »integrale(n) Bestandteil der Offenbarung« (Ulrich Berges). Sie gehen bis an die Grenze des Lästerlichen, um an der Einzigartigkeit JHWHs festzuhalten, ohne Konflikte, Anstößiges, sogar Abgründiges ihrerseits zu verkleinern oder zu verharmlosen.

Ist vielleicht auch deshalb das *Schma Jisrael* in Form eines Appells formuliert? Weil angesichts der Widrigkeiten, Erprobungen und Versuchungen in der Geschichte immer wieder neu um den Einen und Einzigartigen gerungen werden muss? Wird vielleicht deshalb die Erzählung der *Akeda* nicht nur am jüdischen Neujahrstag, *Rosch Haschana,* als Auftakt für das neue Jahr in der Synagoge gelesen, sondern auch täglich im Morgen- und Abendgebet erinnert?

Die alttestamentliche Spätschrift des Jesus Sirach, von den Rabbinen zwar nicht in den Kanon des → *Tenach* aufgenommen, aber im Talmud zitiert, kennt dieses Ringen und stellt klar: *Sage nicht: Er selbst hat mich zum Bösen verführt, denn er braucht keinen gewissenlosen Menschen* (Sirach 15,12). Im Neuen Testament wird der Brief des Jakobus (1,13) ihm folgen: *Keiner, der in Versuchung gerät, soll sagen: Ich werde von Gott in Versuchung geführt. Denn Gott kann nicht in die Versuchung kommen, Böses zu tun, und er führt auch selbst niemand in Versuchung.*

Auf dieser Linie liegen auch die Rabbinen, wenn sie der Gefahr wehren, Gott für das Böse verantwortlich zu machen. Vielmehr gehen sie von zwei Trieben, einem guten und einem »bösen« *(jezer hara),* im Menschen aus, wobei der »böse« weder zu unterdrücken noch auszutreiben sei, sondern als Kraftzufuhr dem guten integriert werden sollte.

Und dennoch bleiben Fragen angesichts der *Akeda Jizchaq*. Am glücklichsten ist bekanntlich ihr Ende: Der Engel greift ein, er eröffnet die Alternative des Widders, dessen Horn bis heute an den Hohen Feiertagen ertönt (→ *Schofar)* und mit ihm die Botschaft: »Schafft die Menschenopfer ab und setzt Tieropfer an ihre Stelle!« … Auch die wurden nach dem Jahr 70, der Zerstörung des Tempels, ausgesetzt und durch Gebet ersetzt.

Das Ringen um den Einen und Einzigartigen geht aber weiter, zumal nach der Schoa.

Elie Wiesel stolpert wie manche Deuter vor ihm (so bereits der Midrasch Genesis Rabba) über den Singular in Genesis 22,19: *Dann kehrte Abraham zu seinen Knechten zurück* … Doch wo blieb Jizchaq?! Der Tradition nach soll er sich in eine Jeschiwa, also ein Lehrhaus, oder ins Paradies (für Rabbinen tendenziell, mindestens am Ende der Tage, dasselbe!) zurückgezogen haben, um erst später wieder zu erscheinen. »Aber der Phantasie des Volkes, seinem poetischen Kollektiv-Unterbewußtsein, liegt mehr an einer tragischen Textinterpretation. Isaak konnte deshalb seinen Vater nicht auf dem Heimweg begleiten, weil das göttliche Eingreifen zu spät kam. Die Tat war bereits geschehen. Weder Gott noch Abraham konnten sich als Sieger fühlen, beide waren sie Verlierer. Daher empfindet Gott am Neujahrstag, wenn er über die Menschen und ihre Taten richtet, so etwas wie Gewissensbisse, wegen des Dramas auf dem Berge Morija bringt er mehr Verständnis für sie auf, wegen Abraham und Isaak weiß er, daß man bestimmte Dinge auch zu weit treiben kann.«[22]

Elie Wiesel, Adam oder das Geheimnis des Anfangs. Legenden und Portraits, Freiburg i. Br. 1980

400
משנה י״א:
חמש שלש אותיות מן הפשוטות חתם
רוח בער שלש וקבען בשמו הגדול יהו
חתם בהם שש קצוות פנה למעלה
תמו ביהו שש חתם תחת פנה למטה

43
Vertrauen und bezeugen oder: Kann Gott *uns* trauen?

Die Redewendung »so sicher wie das *Amen* in der Kirche« ist richtiger, als vielleicht viele meinen, die sie gebrauchen. Denn nicht nur, dass viele Gebete der Pfarrer und Pfarrerinnen von der Gemeinde mit einem Amen bekräftigt und so gleichsam »in Kraft gesetzt« werden. Amen, neben *Halleluja* und *Hosianna* eines der wenigen hebräischen Wörter im christlichen Wortschatz, hat selber viel mit Sicherheit, Zuverlässigkeit und festem Stand zu tun. Fest soll es sein, gelten soll es, das meint *Amen.* Im Hebräischen kommt es vom selben Wortstamm wie *emeth:* Verlass, Festigkeit, Wahrheit, Treue und *emuna:* Vertrauen, Zuverlässigkeit, Redlichkeit … Es geht jeweils um den »Grund«, auf dem man Stand finden will, um mit »festem Schritt« (vgl. Psalm 40,3) und straffem Herzen gehen, also leben, zu können. Und umgekehrt: Wo kein *Amen* zu uns gesprochen wird, wenn Vertrauen, Treue und Zuverlässigkeit entzogen oder verweigert werden, kommen wir ins Schwanken, wenn nicht auf abschüssige Triften … In einer biblischen Spitzenaussage heißt es: *im lo taaminu ki lo teamenu* (Jesaja 7,9). Seit übersetzt wird, wird versucht, das Wortspiel des hebräischen Bibeltextes wiederzugeben: *Glaubt ihr nicht, so bleibt ihr nicht* (Luther) oder *Wer nicht vertraut, bleibt nicht betreut* (Buber-Rosenzweig) usw. Wie Israel und Gott zusammenwirken, wird biblisch denkbar knapp formuliert. Zweimal dasselbe Wort, nur zwei Vokale werden ausgetauscht:

Schon das Wortspiel zeigt an, dass es um Nähe geht, wenn nicht sogar eine innige Nähe.

Aber wenn Vertrauen nur emotional als ein Gefühl der Geborgenheit bei Gott, ein »Gefühl schlechthinniger Abhängigkeit« verstanden wird, wie der evangelische Theologe Friedrich Schleiermacher (1768–1834) die Religion in ihrem Kern meinte zu erfassen, meldet sich jüdischer Widerspruch. Emmanuel Lévinas misstraut jeder Religion, die so aufs Emotionale, wenn nicht sogar auf Enthusiasmus abhebt. Wo der Mensch »über seine Kräfte und seinen Willen hinaus« erhoben wird, ist seine Freiheit und Verantwortung in Gefahr. Und nüchtern hält er fest: »Das Judentum hat die Welt entzaubert …« Denn die Eigenschaften, die Gott zugesprochen werden, »stehen nicht im Indikativ, sondern im Imperativ«. Die Kenntnis des Heiligen erlangen wir nicht durch Gefühl und Vertrauen, sondern – vielleicht fast schmerzlich für Christ:innen? – »als ein Gebot, als eine *Mizwa.* Gott kennen heißt wissen, was zu tun ist«.[23]

Eine solche Auffassung hat rabbinische Quellen. Denn der Midrasch, also die erzählerische Deutung der Tora, verbindet das Vertrauen von Jesaja 7,9 mit dem Stichwort bezeugen. Wendet sich der Mensch, der vertraut, hin zu Gott, so wendet ihn der Auftrag zu bezeugen von diesem wieder »weg« hin zu anderen Menschen und zur »Welt«. Das Bezeugen bringt dem Vertrauen gleichsam tatkräftige Verbindlichkeit bei und prüft es auf seine Treue und Verlässlichkeit. In Jesaja 43,12 heißt es: *Ihr seid meine Zeugen, spricht der Ewige, und ich bin Gott.* Ein alter Midrasch legt das so aus: … Wenn ihr aber nicht meine Zeugen seid, so bin ich sozusagen nicht Gott (vgl. Sifre Haberacha 33; Sifre Deuteronomium 843). Eine ungeheure Aussage an der Grenze des Sagbaren: Was wird dem menschlichen Bezeugen zugetraut, wohl auch zugemutet? In welcher Weise bindet Gott sein Gottsein an sein Volk? In welche Abhängigkeit begibt sich Gott?! Kann er (uns?) Menschen wirklich so vertrauen?

Und obwohl sich diese Sätze schwindelerregend lesen, war den Rabbinen ein solcher Zusammenhang von Israel und Gott sehr wichtig. Gleich mehrfach findet sich diese Aussage in ihren Schriften. *Zu dir, der du im Himmel thronst, erhebe ich meine Augen,* Psalm 123,1, kommentiert der Midrasch so: »Wenn (ich) aber nicht (die Augen erhebe), ist es so, wie wenn du nicht im Himmel throntest« (Midrasch Tehillim).

Emmanuel Lévinas nennt eine solche Religion eine »Religion für Erwachsene«.

Emmanuel Lévinas, Schwierige Freiheit. Versuch über das Judentum, Frankfurt a. M. 1966

400
וחותמו ביוה שבע חתם מזרח פנה לפניו
וחתמו בהיו שמנה חתם מערב פנה
לאחריו וחתמו בהוי תשע חתם דרום
ופנה לימינו וחתמו בויה עשר חתם צפון
ופנה לשמאלו וחתמו בוהי:

44
Wer möchte schon im Exil »wohnen«? – oder: eine Frage nach der Schechina

Über 108 Millionen! Menschen befinden sich zur Zeit auf der Flucht und sind, gleich wohin sie kommen, Fremde. Wohnen heißt von daher – jenseits von *lifestyle, Schöner Wohnen* und ähnlichen Stichworten – ganz elementar: nicht auf der Flucht sein, eine Bleibe haben, nicht nur fremd sein. Mit diesem aktuell so virulenten Gegensatz von Wohnen und Fremdsein, weil vertrieben oder arm, ist das Geschick Israels – und das seines Gottes! – in hohem Maße bezeichnet.

Gewiss, schon als Israel aus Ägypten zog, wanderte sein Gott mit ihm. In Feuerschein und Wolke war er präsent, im Bundeszelt und später im Tempel. In der Zeit des Tempels wird Salomon jedoch rhetorisch-skeptisch fragen: *Wohnt denn Gott wirklich auf Erden?* Denn für Salomon ist klar: *Siehe, die Himmel und der Himmel der Himmel vermögen dich nicht zu fassen, geschweige denn dieser Tempel, den ich erbaut habe.* Gottes Wohnen ist so begrenzt, so überschaubar dann doch nicht. Aber Salomon kann bei aller Einsicht in die Unzulänglichkeit jeder Be-Hausung für Gott diesen doch erinnern an eine *Stätte, von der du gesagt hast: Mein Name soll dort wohnen, um zu hören auf das Gebet, das dein Knecht an dieser Stätte verrichtet* (1 Könige 8,27.29).

Der Begriff für dieses souveräne Wohnen Gottes bei seinem Volk wird dann aber erst nach der Zerstörung des zweiten Tempels durch die Römer geprägt: → *Schechina.* Das Wort, meist mit »Einwohnung« wiedergegeben, leitet sich vom

Verb *sch-ch-n,* sich lagern, wohnen, ab. Jetzt, wo die Wohnstätte zerstört ist, wird ausdrücklich vom Wohnen Gottes bei seinem Volk gesprochen. *Schechina* ist ein Begriff aus der Katastrophe und Wort des Widerstands gegen die Katastrophe. Gott zeigt, wo sie – das Wort *Schechina* ist weiblich – wohnt: bei den Deportierten, den heimat- und wohnungslos Gemachten. Wo denen nichts mehr blieb an Bleibe, bleibt der Ewige. Vom Tempel vertrieben, zieht die *Schechina* mit ins Exil. Gott teilt das Geschick seines Volkes.

In der *Mechilta,* einem Midrasch-Kommentar zum Buch Exodus, heißt es von Rabbi Jischmael (zu Exodus 12,41): »Immer wenn die Israeliten geknechtet wurden, wurde die Schechina – wenn man so kühn sprechen darf – zusammen mit ihnen geknechtet.« Und dann werden die Exile genannt: Ägypten, Babylon, Elam, Edom. Die Schechina begleitet ihr Volk und nimmt Wohnung bei den Wohnungslosen.

Über diese Verbindung von Fremdheit und Nähe, Wohnen und Vertriebensein schreibt Martin Buber in seinen Nacherzählungen chassidischer Geschichten: »Im hundertneunzehnten Psalm spricht der Tempelsänger zu Gott: ›Ein Fremdling bin ich auf Erden, verbirg mir nicht Deine Gebote!‹ Zu diesem Vers sagte Rabbi Baruch: ›Wer in die Ferne verschlagen wird und in unbekanntes Land gerät, der hat mit keinem Menschen Gemeinschaft und weiß sich mit keinem zu unterreden. Wenn da aber ein zweiter Fremdling erscheint, mag auch dessen Heimat eine andere sein, die zwei können miteinander vertraut werden und verweilen fortan mitsammen und sind einander zugetan. Und wären sie nicht beide Fremdlinge, sie wären einander nicht nahegekommen.‹ Das meint der Psalmist: ›Du bist wie ich ein Fremdling auf Erden und hast deiner Einwohnung keine Ruhestatt: so entziehe dich mir nicht, sondern enthülle mir deine Gebote, dass ich dein Freund werden kann.‹«[24]

So ahnen wir, was in den *Pirke Awot,* den Sprüchen der Väter, einem Traktat der Mischna, mitklingt, wenn es von

Rabbi Chananja ben Teradjon heißt: »Wenn zwei zusammensitzen und sich um die Tora bemühen, dann ist die Schechina Gottes mitten unter ihnen« (Mischna Awot 3,2). In der Fremde wohnt sie bei ihnen: in ihren Geboten und deren Studium. Das wird die »Wohnung« im Exil.

Der Literaturwissenschaftler George Steiner wird das im 20. Jahrhundert auf Texte überhaupt ausweiten: »Sind wir zerstreut unter die Völker, so ist der Text unser Zuhause.«[25] Und: »Der Text ist das Zuhause, jeder Kommentar eine Heimkehr.« Denn wie »eine Schnecke, die Fühler zur Bedrohung hin ausgerichtet, hat der Jude das Haus des Textes auf dem Rücken getragen. Welches andere Domizil ist ihm gewährt worden?«[26]

Martin Buber, Die Erzählungen der Chassidim, Zürich 1949. Jubiläumsausgabe 2014

George Steiner, Von realer Gegenwart. Hat unser Sprechen Inhalt?, München-Wien 1990

George Steiner, Der Garten des Archimedes, München-Wien 1994

Glossar

Achtzehn-Bitten-Gebet: hebr. *Schmone esre;* schon aus vorneutestamentlicher Zeit, neben dem → *Schma Jisrael* fester Bestandteil des Synagogengottesdienstes. Wegen seiner hohen Bedeutung auch einfach *Tefilla,* »Gebet«, im Sinne von *das* Gebet, genannt oder *Amida* (hebr. Stehen, weil immer stehend gebetet). Inhaltlich handelt es sich um eine Folge von Bitten, die jeweils mit einer Lobpreisung Gottes enden (zunächst 18 »Bitten«, dann um eine weitere ergänzt). Die 18. »Bitte« ist ausdrücklich eine Danksagung. Das *Vater unser* stimmt mit mehreren Bitten der *Amida* überein.

Baal Schem Tow: wörtl. Herr des guten (göttlichen) Namens; damit auch zu wundertätigem Handeln fähig. Ehrentitel für mehrere Männer im → *Chassidismus;* bekanntester Träger ist Israel ben Elieser (1700–1760), *der* Baal Schem Tow (Bescht abgekürzt).

Chassidismus: von hebr. *chassid* = fromm; Frömmigkeitsbewegung; hier und vor allem: die osteuropäische Bewegung, von der charismatischen Gestalt Israel Ben Elieser, dem → *Baal Schem Tow,* Mitte des 18. Jahrhunderts ins Leben gerufen. Der Ch. half auch, mit den existenzbedrohenden tiefen Frustrationen und Irritationen infolge des messianischen »Aufruhrs« um → *Schabbatai Zwi* umzugehen. In ihm werden Vorstellungen der → Kabbala aufgegriffen und popularisiert, messianische Hoffnungen werden spiritualisiert.

Chassid: der Fromme, ist Anhänger der chassidischen Bewegung, Plural *Chassidim* – im Unterschied zum *Zaddik,* hebr. dem Gerechten, dem Oberhaupt einer chassidischen Gemeinschaft.

Gemara: → Talmud

Goj: Plural: *Gojim;* bibl. und rabbinisch für Nicht-Jude bzw. nicht-jüdische Völker.

Haggada: hebr. Erzählung; meint summarisch die nicht-gesetzlichen Teile der rabbinischen Literatur in ihren unterschiedlichen Gattungen wie Erzählungen, Gleichnissen, Lehren, Legenden u. a. Innerhalb der rabbinischen Argumentation hat sie nicht den gleichen Rang wie die → *Halacha.* Während halachische, also die Praxis betreffende Diskussionen eine Entscheidung anzielen, darf die Haggada »freier« verfahren bis hin zu sich widersprechenden Aussagen.

Halacha: hebr. Gehen, Wandel; Gesamt der Ge- und Verbote der schriftlichen wie mündlichen Tradition → Tora. Um ihre jeweilige Gültigkeit, Begründung und Aktualisierung wird rabbinisch nach klaren Verfahrensregeln (sogen. *Middot)* gerungen. Neue Situationen und Lebensverhältnisse verlangen bis heute je neue aktualisierte halachische Regelungen.

Jeschiwa: hebr. Sitzen oder Sitzung; Plural: *Jeschiwot;* seit den antiken und mittelalterlichen rabbinischen Lehrhäusern bis heute Bezeichnung von Institutionen für fortgeschrittenes Tora-/Talmudstudium: »Talmudhochschule« oder »Talmudakademie«.

Jobeljahr: auch Erlassjahr, nach Levitikus 25,8–31 »eine heilige Zeit« (Vers 12); das fünfzigste Jahr nach sieben Sabbatjahren. Als Schuldausgleich verlorener Grundbesitz wird rückerstattet, Schuldsklaverei aufgehoben. Es wird nicht gesät und geerntet, weil Gott das vorausgehende Jahr mit einer überreichen Ernte gesegnet haben wird (Vers 21).

Jom Kippur: hebr. Tag der Entsühnung; großer Versöhnungstag, einer der höchsten, wenn nicht *der* höchste Feiertag des Judentums, auf Levitikus 16 basierend; von Fasten und Beten vollständig geprägter Tag. Letzter Tag und Höhepunkt der zehn Bußtage vom 1. bis 10. Tischri (September/Oktober).

Kabbala: hebr. Tradition; jüdische Mystik in unterschiedlichen Ausprägungen im Mittelalter und der Neuzeit, die esoterische Strömungen und neuplatonische Philosophie aufnimmt. Kabbalisten verstanden und verstehen sich als Vertiefer der Tradition. Die K. wurde im Sabbatianismus (17. Jh.) (→ Schabbatai Zwi) mit akut-messianischen Erwartungen verbunden; im → Chassidismus wieder »verinnerlicht« und popularisiert. Die K. wirkt bis heute inspirierend nicht zuletzt auf Literaten und Künstler.

Kaddisch: feierliches Gebet in jüdischer Liturgie, das die Herrschaft Gottes preist, Segen und Frieden erfleht. (Das *Vater unser* berührt sich mehrfach mit dem K.) Zugleich Gebet der Trauernden, das diese im Gottesdienst wie zur *Jahrzeit* (Jährung des Todestags) sprechen; daher breit verankert und auch religionsfernen Juden oft noch vertraut.

Kaschrut: von hebr. *kascher,* jiddisch: *koscher:* rituell tauglich; rituelle Tauglichkeit , die erreicht wird durch religionsgesetzlich richtige Auswahl und Zubereitung insbesondere von Speisen.

Kawwana: hebr. Intention; innere Ausrichtung, Achtsamkeit, Bewusstheit (vgl. aus der katholischen Praxis: »gute Meinung erwecken«) beim Beten und Halten der *Mizwot (→ Mizwa).* Kabbalistisch (→ *Kabbala)* werden die einzelnen Akte der *Kawwana* spekulativ ausdifferenziert. Ob ein Gebet ohne *Kawwana* gültig ist und wiederholt werden sollte, ist fraglich. Der *Schulchan Aruch* (wörtl. gedeckter Tisch), eine wirkungsgeschichtlich überaus bedeutsame Zusammenstellung der gültigen Gesetzesregeln »für den Hausgebrauch«, rät davon ab. Schließlich garantiert auch das wiederholte Gebet nicht, dass es mit *Kawwana* gesprochen wird.

Mesusa: wörtl. Türpfosten; Kapsel aus Metall oder Holz, die zwei der handgeschriebenen Texte auf Pergament enthält, wie sie sich auch in den → *Tefillin* befinden: Deuteronomium 6,4–9 mit dem → *Schma Jisrael* und 11,13–21. Am rechten Türpfosten befestigt, wird sie beim Hinein- und Herausgehen berührt, wobei ein Segen gesprochen wird. Die M. ist Moment einer Erinnerungskultur, wie sie biblisch konzentriert in Deuteronomium 6,4–9 eingeschärft wird: … *und du sollst sie (diese Worte, auf dich ich dich heute verpflichte) auf die Türpfosten deines Hauses und an deine Tore schreiben;* darum wissend, dass ein Ortswechsel leicht mit Vergessen einhergehen kann.

Midrasch: hebr. von *darasch:* suchen, erforschen; Plural *Midraschrim;* Erklärung und Auslegung eines Bibeltextes im Interesse erzählerischer Ausgestaltung, Aktualisierung oder der Erläuterung eines Gesetzes oder seiner Neuformulierung. M. bezeichnet neben der Auslegung auch die Sammlung solcher Auslegungen.

Minjan: hebr. Zahl; die für den öffentlichen Synagogengottesdienst vorgeschriebene Zahl von 10 religionsmündigen Männern; im Reformjudentum zählen zum M. auch religionsmündige Frauen. Religionsmündigkeit erreichen Jungen mit 13, Mädchen mit 12 Jahren nach der Feier ihrer *Bar* → *Mizwa* (»Sohn des Gebotes«) bzw. *Bat Mizwa* (»Tochter des Gebotes«), in der die Jungen, in Reformgemeinden auch die Mädchen, zum Vortrag der Tora in der Synagoge aufgerufen werden.

Mizwa: Plural: *mizwot;* Einzelgebot im Unterschied zur Tora als Gesamt der Ge- und Verbote und Offenbarung überhaupt; auch gute, verdienstvolle Tat.

Mischna: → Talmud.

Pessach: von hebr. *pessach:* überspringen, verschonen; griech. *pascha;* eines der drei Wallfahrtsfeste; erinnert an den Auszug aus Ägypten. Das siebentägige Fest im Monat Nisan (Frühjahr) kennt nach dem synagogalen Gottesdienst für den Abend des ersten Tages die häusliche Feier des Sederabends (hebr. *seder* = Ordnung). Entlang der *Pessach-Haggada (→ Haggada),* einer Art liturgischen Erzählung, wird der Auszug im Rahmen eines Mahles gedenkend nachvollzogen.

Proselyten: griech. *proselytos:* hinzugekommen, bezeichnet vor einem rabbinischen Gericht förmlich zum Judentum konvertierte Menschen, nach Beschneidung (bei Männern) und Tauchbad (die sog. Proselytentaufe). Proselyten unterscheiden sich im antiken Judentum von den »Gottesfürchtigen« (griech. *eusebes),* die zwar die jüdische Verehrung des einen und einzigen Gottes teilen und an Gottesdiensten teilnehmen, doch die Beschneidung nicht vollziehen und die Regeln der → *Kaschrut* nicht befolgen.

Rabbi / Raw / Rabbinen / Rabbiner: *Rabbi* (aramäisch: mein Meister, mein Lehrer), nach dem Jahr 70 n. Chr. (Zerstörung des zweiten Tempels) üblicher Titel der ordinierten Gesetzeslehrer im Land Israel, die Gelehrten im babylonischen Raum hießen *Raw* (hebr. groß). Der Gründer der → Jeschiwa in Sura, Abba Aricha, wird ehrenhalber nur *der* Raw genannt. Sein Lehrer Jehuda Nasi, der die Mischna redigiert hat, trägt als Ehrenname *Rabbenu hakadosch:* unser heiliger Lehrer. Die Gelehrten der talmudischen Zeit (→ Talmud) heißen im Deutschen *Rabbinen* (Singular: der Rabbine); die des Mittelalters und der Neuzeit heißen *Rabbiner* (Singular: der Rabbiner). Im konservativen und Reformjudentum werden seit dem 20. Jahrhundert auch Frauen zu Rabinnerinnen ordiniert. Heutige Rabbiner und Rabbinnerinnen sind Experten für die → Halacha, Lehrer und nehmen pastorale Aufgaben wahr.

Schabbatai Zwi: (1626–1676) stammt aus Smyrna im osmanischen Reich. Sch. Z. nahm die messianischen Erwartungen seiner Zeit, zumal nach den grausamen Chmielnicki-Pogromen (1648–1657), intensiv auf. Anfangs durchaus asketisch, fiel er später durch anstößige Akte auf. So sprach er öffentlich den Gottesnamen aus, was bis zur Zerstörung des zweiten Tempels nur einmal im Jahr allein dem Hohepriester am → Jom Kippur erlaubt war. Deshalb wurde der Bann über ihn gesprochen. Um sich von eigener Depression heilen zu lassen, suchte er Nathan von Gaza auf, der als Kabbalist und Prophet galt. Dieser erkannte in Sch. Z. den Messias, den er 1665 als solchen ausrief; der 18.6.1666 wurde als Tag der Erlösung verkündigt. Nach Unruhen in Jerusalem von dort verbannt, ließ sich Sch. Z. in Smyrna als Messias feiern. Jüdische Gemeinden (auch Christen) in ganz Europa wurden von messianischem

Fieber erfasst. Vom Sultan vor die Alternative Tod oder Konversion gestellt, bekannte sich Sch. Z. zum Islam, um danach eine Doppelexistenz zu führen. Nach außen der Muslim Asis Mehmet Effendi, praktizierte er im Geheimen sein Judentum. Mit einer Pension des Sultans ausgestattet, wurde er nach Albanien verbannt, wo er auch starb. Sein Abfall vom Judentum wie sein Tod beendeten aber nicht die Bewegung des Sabbatianismus, da es Natan von Gaza gelang, beides als heilsnotwendig zu deuten. Der Messias musste danach die tiefsten Erniedrigungen ausloten, um vom Bösen zu befreien. Der Sabbatianismus hielt sich in unterschiedlichen Zweigen in Griechenland (Konversionen in den Islam bei gleichzeitig beibehaltenem Judentum), Polen und Deutschland (analog Konversionen in die katholische Kirche) bis ins 19. Jahrhundert.

Schechina: hebr. Einwohnung, auch im Hebräischen weiblich; vom Verb *schachan*/sich lagern, niederlassen, wohnen; im Unterschied und komplementär zum Aspekt der Transzendenz/Ferne Gottes meint Sch. die Nähe Gottes in der Welt. Das Konzept der Sch. ist eng verbunden mit der Vorstellung von Gottes Selbsterniedrigung, um seinem Volk, vor allem in Zeiten von dessen Erniedrigung wie beispielsweise dem babylonischen Exil, nahe zu sein.

sefardisch: von *Sefarad,* hebr. für Spanien; meint das Judentum im spanischen Kulturraum im Unterschied zum *aschkenasischen,* das heißt dem west-, mittel-, dann auch osteuropäischen Judentum. Beide kennen eine entsprechend geprägte Liturgie und Aussprache des Hebräischen.

Schma Jisrael: hebr. *Höre Israel!* Anfang des Verses Deuteronomium 6,4: *Schma Jisrael, Adonai elohenu Adonai echad! Höre Israel, Adonai, unser Gott ist einzig!* Ergänzt um die Verse 5–9, 11,13–41 und Numeri 15,37–41 und Lobpreisungen, ist das *Schma* das Hauptgebet, das zweimal am Tag vor dem → Achtzehn-Bitten-Gebet gesprochen wird. Es ist zugleich das Sterbegebet. Als letztes Wort auf den Lippen wurde es zum Bekenntnis der Märtyrer.

Schoa: hebr. Verwüstung; heute bevorzugt gebraucht statt Holocaust (griech. Ganzopfer), um religiöse sinngebende Konnotationen dieses Begriffs zu vermeiden. Im Deutschen von der Bedeutung her »synonym« mit Auschwitz, das pars pro toto steht für die staatlich angeordnete und industriell durchgeführte Judenvernichtung des nationalsozialistischen Deutschland.

Schofar: Widderhorn, schon biblisch als Signalinstrument bei der Theophanie am Sinai (Exodus 19,16) und der Eroberung Jerichos (Josua 6) benutzt. Es spielt an auf die Bindung Isaaks (vgl. Genesis 22), wo ein Widder das Opfer Isaaks ersetzte. Das Sch. ruft zu Umkehr und Gottesfurcht auf und signalisiert den Sieg über das Böse. In der Tempelliturgie benutzt wie bis heute im Synagogengottesdienst in den Tagen vor Neujahr *(Rosch Haschana)* und am Ende des *Jom Kippur.* Die Tonfolgen sind genau vorgeschrieben: lang anschwellend, drei kurze Stöße oder stakkatoartige Folge von neun Tönen.

Sohar: hebr. *sefer ha-Sohar*/Buch des Glanzes; Hauptwerk der → *Kabbala,* traditionell zwar als Werk des Simon ben Jochai angesehen (2. Jh.), stammen die ältesten Teile gleichwohl aus dem 13./14. Jahrhundert von Mose ben Schem Tow di Leon. Das Werk gewann hohes Ansehen und Autorität und wurde und wird oft kommentiert.

Synagoge: griech. Versammlungsort, hebr. *bet haknesset;* seit exilisch-nachexilischer Zeit neben dem zweiten Tempel Orte im Land Israel und der Diaspora, wo torazentrierte Gottesdienste stattfanden, bestehend aus Lesung (Tora und Propheten), Übersetzungen in die Landessprachen, Auslegung (Predigt) und Gebeten. Besonders nach dem Jahr 70 n. Chr., der Zerstörung des Tempels, wird die Synagoge zur identitätswahrenden Institution. S. bezeichnet also gleichermaßen den Ort, die Institution im Sinne des Gemeindezentrums als auch die sich versammelnde Gemeinde, wenn nicht sogar das gesamte (religiöse) Judentum. Letzteres etwa in den christlichen mittelalterlichen Allegorien von Ecclesia und Synagoga; was damals einer Theologie der Abwertung des heilsgeschichtlichen Status des Judentums im Bund mit Gott folgte, begegnet heute konstruktiv gewendet, wenn »Synagoge« auch als Korrelationsbegriff zu »Kirche« gebraucht wird (z. B. »der Dialog von Kirche und Synagoge«).

Tallit: hebr. Gebetsmantel; viereckiges Tuch aus Wolle, Baumwolle oder Seide, meist von blauen oder schwarzen Streifen durchzogen; endet an den Ecken in Schaufäden *(Ziziot,* Singular: *Zizit)* gemäß Numeri 15,38–41: *Rede zu den Israeliten und sag zu ihnen, sie sollen sich Quasten an ihre Kleiderzipfel nähen, von Generation zu Generation, und sollen an den Quasten eine violette Purpurschnur anbringen; sie soll bei euch zur Quaste gehören. Ihr sollt sie ansehen und euch an alle Gebote Adonais erinnern; ihr sollt sie tun und nicht hinter eurem Herzen und hinter euren Augen herschweifen, indem ihr ihnen nachhurt, damit ihr euch erinnert und alle meine Gebote tut und ihr eurem Gott heilig seid. Ich bin Adonai, euer Gott, der euch aus Ägypten herausgeführt hat, um euer Gott zu sein, ich bin Adonai, euer Gott.* Der T. wird beim Morgengebet, während des ganzen → *Jom Kippur* und am *9. Aw,* dem Tag der Trauer um den zerstörten Tempel, beim Nachmittagsgebet getragen.

Talmud: wörtl.: Lehre, Studium. Der T. ist *das* umfangreiche Hauptwerk des rabbinischen Judentums. Er liegt in zwei Versionen vor: dem palästinischen und dem babylonischen T. *(Jeruschalmi* und *Bawli),* besteht aus der *Mischna (wörtl. Wiederholung … von mündlicher Lehre),* einer Sammlung von religionsgesetzlichen Diskussionen, die 200 n. Chr. redigiert wurde, und der *Gemara (Vollendung),* die die *Mischna* auslegt und ihrerseits diskutiert. Der *Jeruschalmi* wurde nach 400 abgeschlossen, der *Bawli,* der die größere Autorität gewann und gemeint ist, wenn ohne erläuternden Zusatz vom T. gesprochen wird, wurde um 600 abgeschlossen. *Mischna + Gemara = Talmud*. (Manchmal wird T. auch nur für die *Gemara* im Unterschied zur *Mischna* gebraucht.)

Tefillin: Gebetsriemen mit schwarzen Lederkapseln, die sich die religionsmündigen Juden beim wochentäglichen Morgengebet um die Stirn wie die linke Hand und den linken Arm (Herznähe!) binden. Sie realisieren so Exodus 13,9: *Und es sei dir zum Zeichen an deiner Hand und zum Andenken zwischen deinen Augen, damit die Weisung Adonais in deinem Mund sei.* Das Anlegen der T. ist begleitet von der Rezitation der »Verlobungssätze« Hosea 2,21f: *Ich verlobe dich mir auf ewig; ich verlobe dich mir um den Brautpreis von Gerechtigkeit und Recht, von Liebe und Erbarmen, ich verlobe dich mir um den Brautpreis der Treue: Dann wirst du Adonai erkennen.* Die Kapseln enthalten einen handgeschriebenen Pergamentstreifen mit den Bibelstellen Exodus 13,1–10.11–16; Deuteronomium 6,4–9 mit dem → *Schma Jisrael* und 11,13–21.

Tanach: auch *Tenach*, die Heilige Schrift des Judentums, nach den Anfangsbuchstaben ihrer drei Bestandteile: → Tora, Newiim (Propheten) und Chetuwim (Schriften). Diese Heilige Schrift wurde in ihrer antiken griechischen Übersetzung zum ersten Teil der christlichen Bibel, dem sogenannten »Alten Testament«, das einige Schriften mehr umfasst als der rabbinische Kanon des T. Martin Luther hat in seiner deutschsprachigen Bibelausgabe das Alte Testament auf den T. beschränkt, die übrigen Schriften gelten als »apokryphe Spätschriften«, die »der Heiligen Schrift nicht gleich gehalten, und doch nützlich und gut zu lesen sind«.

Tora: hebr. Weisung, meint

a) die ersten fünf Bücher der Bibel: Genesis bis Deuteronomium, die innerhalb eines Jahres fortlaufend im synagogalen Gottesdienst aus der Torarolle verlesen werden. Diese Bücher enthalten viele Erzählungen, Beschreibungen, poetische Texte wie Lieder, Listen und Ge- wie Verbote. Tora nur als *nomos*, als Gesetz, zu verstehen, stellt eine Engführung dar.

b) T. kann allerdings auch nur einen Komplex von Gesetzen innerhalb dieser Bücher anzeigen;

c) T. kann auch die gesamte Heilige Schrift Israels/des Judentums, den → *Tanach* meinen;

d) T. umfasst nicht nur die biblische Überlieferung, die *schriftliche Tora,* sondern darüber hinaus auch die anknüpfende rabbinische Ausdeutung, die *mündliche Tora,* insbesondere im Bereich der → *Halacha,* der verbindlich zu regelnden Praxis.

Die jeweilige Bedeutung ergibt sich aus dem Kontext.

Die Tora gilt als Offenbarung »vom Himmel«. Mit ihrer Annahme am Sinai im Rahmen des Bundesschlusses hat sich Israel als Volk konstituiert. Wie die Weisheit (Sprüche 8,22–31) wurde und wird auch die T. als vor der Schöpfung existierend und bei der Erschaffung der Welt durch Gott als deren »Plan« aufgefasst.

Anmerkungen

1 Philip Roth, Gegenleben, München-Wien 1988, 421f.

2 Abraham J. Heschel, Der Mensch fragt nach Gott. Untersuchungen zum Gebet und zur Symbolik, Neukirchen-Vluyn 1989, 31. Vgl. auch 36.

3 Heschel (1989) [Anm. 2], 49.

4 Friedrich-Wilhelm Marquardt, Eia wärn wir da – eine theologische Utopie, Gütersloh 1997, 575.

5 Elie Wiesel, Adam oder das Geheimnis des Anfangs, Freiburg i. Br. 1994 (frz. Originalausgabe Paris 1975), 207.

6 Elie Wiesel, Gezeiten des Schweigens, Freiburg i. Br. 1987 (frz. Originalausgabe Paris 1962), 53.

7 Emil Fackenheim, Die gebietende Stimme von Auschwitz, in: Brocke, Michael/Jochum, Herbert (Hg.), Wolkensäule und Feuerschein. Jüdische Theologie des Holocaust, München 1982, 73–110, 95.

8 Martin Buber, Die Erzählungen der Chassidim, Manesse Verlag, Zürich 1949, 6 © 2014 Manesse Verlag in der Penguin Random House Verlagsgruppe GmbH, München.

9 Elie Wiesel, Die Massenvernichtung als literarische Inspiration, in: Eugen Kogon/Johann Baptist Metz/Elie Wiesel/Lucy S. Dawidowicz/Dorothy Rabinowitz /Robert McAfee Brown, Gott nach Auschwitz. Dimensionen des Massenmords am jüdischen Volk, Freiburg i. Br. 1979, 21–50; 31, 32; 34.

10 Elie, Wiesel, Die Weisheit des Talmud. Geschichten und Portraits, Freiburg i. Br. 1995, 30–31.

11 Emmanuel Lévinas, Saiten und Holz. Zur jüdischen Leseweise der Bibel, in: Ders., Außer sich. Meditationen über Religion und Philosophie, München–Wien 1991, 172–182, 173.

12 Daniel Krochmalnik, Wajjizer. Anthropologie der Geschlechter in Talmud, Midrasch, Religionsphilosophie und Kabbala, in: Manfred Oeming (Hg.) Theologie des Alten Testaments aus der Perspektive von Frauen (Beiträge zum Verstehen der Bibel. Hg. v. M. Oeming u. Gerd Theißen, Bd. 1), Münster u. a., 2003, S. 87–100, 99.

13 Jean Améry, Jenseits von Schuld und Sühne, München 1966, 158.

14 Emmanuel Lévinas, Asylstädte, in: Ders., Jenseits des Buchstabens, Frankfurt a.M. 1996, 53–77, 60f.

15 Martin Buber (1949) [Anm. 8], 361. © 2014 Manesse Verlag in der Penguin Random House Verlagsgruppe GmbH, München.

16 Abraham J. Heschel, Der Sabbat. Seine Bedeutung für Menschen heute. Mit einem Geleitwort von Susannah Heschel, Ostfildern 2022, 25.

17 Georg Langer, Neun Tore. Das Geheimnis der Chassidim, aus dem Tschechischen übersetzt v. Friedrich Thierberger, Neu-Isenburg 2004, 328.

18 Martin Buber (1949) [Anm. 8], 818. © 2014 Manesse Verlag in der Penguin Random House Verlagsgruppe GmbH, München.

19 Zit. nach: Susanne Talabardon, Aufschrei im Flüstern: Die Mystik der Chassidim (8.6.2022): https://www.sonntagsblatt.de/artikel/spiritualitaet-mystik/aufschrei-im-fluestern-die-mystik-der-chassidim

20 Martin Buber (1949) [Anm. 8], 819. © 2014 Manesse Verlag in der Penguin Random House Verlagsgruppe GmbH, München.

21 Hans Jonas, Der Gottesbegriff nach Auschwitz. Eine jüdische Stimme, Frankfurt a.M. 1984, 47.

22 Elie Wiesel, Adam oder das Geheimnis des Anfangs. Legenden und Portraits, Freiburg i.Br., 1980, 98.

23 Emmanuel Lévinas, Eine Religion für Erwachsene, in: Ders., Schwierige Freiheit. Versuch über das Judentum, Frankfurt a.M., 1966, 21–37. 25, 29.

24 Martin Buber (1949) [Anm. 8], 181. © 2014 Manesse Verlag in der Penguin Random House Verlagsgruppe GmbH, München.

25 George Steiner, Von realer Gegenwart. Hat unser Sprechen Inhalt?, München-Wien 1990, 61.

26 George Steiner, Unser Heimatland: der Text, in: Ders., Der Garten des Archimedes, München-Wien 1994, 254–279, 251.253.

Bibelstellenregister

Zu den Autoren

Gernot Jonas ist evangelischer Pfarrer und langjähriges Mitglied des Studienkreises Kirche und Israel der Evangelischen Kirche im Rheinland und Westfalen. Aus dem Niederländischen hat er Grundlagenwerke des christlich-jüdischen Dialogs übersetzt, aus dem Jiddischen den »Klassiker« Scholem Alejchem. Zusammen mit Paul Petzel verantwortet er die Kolumne »Geh hin und lerne« der Zeitschrift *Junge Kirche,* die sich aus christlicher Sicht mit rabbinischen Einsichten befasst.

Dr. Paul Petzel war nach Studium der Theologie und Kunst Gymnasiallehrer und arbeitet heute als freier Theologe. Seit Jahrzehnten im jüdisch-christlichen Dialog engagiert, hat er 2017 zusammen mit Norbert Reck im Auftrag des Gesprächskreises Juden und Christen beim Zentralkomitee der deutschen Katholiken das Standardwerk »Von Abba bis Zorn Gottes. Irrtümer aufklären – das Judentum verstehen« (Patmos Verlag, Osterfildern) herausgegeben.